図解 いちばんやさしく丁寧に書いた

相続税申告の本

成美堂出版

はじめに

　平成27年の税制改正により、相続税の基礎控除が引き下げられました。以前より課税対象となる人が増え、相続税はより多くの人にかかわる税金となっています。

　相続は亡くなった人の家族にとって、初めての体験であることが多いでしょう。どんな場合に相続税がかかるのか、どんな手続きが必要になるのかなど、わからないことばかりなのが当然です。相続人の人数や財産の大きさによっても税負担は大きく異なり、専門知識が必要になることもあります。

　申告手続きは税理士に依頼するのが一般的ですが、相続の内容によっては自分たちで申告することも可能です。どちらを選ぶにしても、手続きに関する全体の流れの把握や、税金の制度や特例、法律に対する正しい理解が欠かせません。

　本書では、まず基本的な相続税の知識（パート１）を解説、その後は相続のおおよその時系列にしたがって、申告に必要な書類の収集（パート２）、財産の評価（パート３）、申告書の書き方・まとめ方（パート４）、税務署への申告のしかた（パート５）という順にまとめました。図表やイラストをふんだんに使うことで、一般の人にもわかりやすい説明を心がけています。

　相続にかかわる１人でも多くの方々に、本書がお役に立てば幸いです。

令和２年11月

税理士
須田邦裕

図解 いちばんやさしく丁寧に書いた相続税申告の本 目次

はじめに……………2

巻頭特集 1
確認は3段階 申告の要不要を確認する……………10

巻頭特集 2
申告までの流れとスケジュール＆インデックス……………12

巻頭特集 3
意外と簡単？ 相続税の計算 基本のキホン……………16

巻頭特集 4
自分でできる？ 相続税の申告 難易度チェック……………18

パート1 相続税はどんな税金か

相続税とは
相続した財産には税金がかかる……………22

相続人
財産を相続できる人は法律で決まっている……………24

要 Check
相続人記入シート（ひな型）……………26

相続税の申告が必要な人
財産が「3000万円＋600万円×相続人の数」超なら要申告……………28

相続税の対象となる財産
お金に換算できるものは原則すべて相続財産……………30

生前贈与と相続
生前に贈られた財産も相続財産になることがある……………32

■■ 集中講義 ■■
相続時精算課税制度……………34

要 Check
「相続税の申告要否判定コーナー」を活用……………36

3

法定相続分
法定相続分を基準にして財産を分ける ……38

相続税計算の基本
相続税の税率は10%から55% ……40

要Check
書き込み式　相続税の計算手順 ……42

相続放棄、限定承認
借金などが多ければ相続しないこともできる ……44

遺産分割の基本ルール
上手に遺産分割すれば節税やトラブル回避ができる ……46

遺留分
相続人には最低限取得できる財産割合がある ……48

特別受益、寄与分
遺産分割は生前の贈与や特別な貢献を考慮する ……50

遺言
相続開始後は遺言書があるかどうかまず確認 ……52

遺産分割協議
遺産分割の話し合いは相続人全員で行うことが必須 ……54

■■ 集中講義 ■■
調停分割、審判分割 ……56

相続税もっとわかるコラム
亡くなった人に代わって確定
申告をする ……58

パート2
申告に必要な書類を集める

必要書類とは
申告書だけでなくさまざまな書類が必要 ……60

戸籍に関する書類
被相続人の戸籍は出生から死亡まですべてを集める ……62

財産に関する書類①不動産
土地と建物の書類は同時に取得する ……68

財産に関する書類②預貯金
通帳のない預貯金も見逃さない ……76

財産に関する書類③生命保険金、死亡退職金
相続財産となる保険かどうか1つひとつ確認する ……80

財産に関する書類④有価証券
証券会社からの連絡などを調べて見落としを防ぐ ……84

財産に関する書類⑤贈与関連
贈与税を納めていればその申告書類をそろえる ……86

財産に関する書類⑥その他
時価5万円超の財産はリストにする ……90

債務などに関する書類
債務などは証明書類をそろえて相続財産から差し引く ……92

遺産分割に関する書類①遺言書
遺言書の種類によって扱い方は異なる ……94

遺産分割に関する書類②遺産分割協議書
相続人全員の署名・押印、印鑑証明書が必要になる ……96

要 Check
遺産分割協議書の作成ポイント ……98

相続税もっとわかるコラム
手続きをほかの人に頼むなら委任状が必要 ……100

パート3
財産の評価をする

財産評価とは
財産評価は時価が基本。ただし土地に要注意 ……102

土地の評価の基本
「地目」ごとに「画地」で分けて評価する ……104

宅地の評価方法
2つの計算方法があり土地ごとに決まっている ················106

路線価方式
都市部の宅地の多くには「路線価」がついている ················108

画地補正率
土地の形や使われ方で路線価を調整する ················110

要Check
「土地及び土地の上に存する権利の評価明細書」を作成 ················120

貸している土地の評価
人に貸した土地は評価額が大きく下がる ················122

要Check
土地の利用のしかたによる評価額の比較 ················124

建物の評価
原則として固定資産税評価額で評価する ················126

■■ 集中講義 ■■
配偶者居住権の評価 ················128

駐車場の評価
駐車場のタイプによって評価の方法が変わる ················130

小規模宅地等の特例
住むための土地なら評価額を8割下げられる ················132

要Check
小規模宅地等の特例 適用条件確認チャート ················134

生命保険の評価
「500万円×相続人の数」までは非課税になる ················136

有価証券の評価①上場株式
4つの価格から評価額を決める ················138

有価証券の評価②非上場株式
**会社の規模や会社との関係性から
評価額を計算する** ················140

有価証券の評価③公社債など
相続開始日の価格で計算する ················144

事業用財産の評価
財産の種類や内容ごとに評価する ················146

■■ 集中講義 ■■
個人版事業承継税制 ………………………………………… 148

その他の財産の評価
５万円以下の財産はまとめて評価する ……………………… 150

要 Check
財産評価書き込みシート（ひな型）………………………… 152

相続税もっとわかるコラム
海外に相続人がいる場合、海外に財産がある場合 ………… 154

パート4 相続税の申告書 書き方・まとめ方

申告書一覧
第１表から第15表まであり必要なものを使う ……………… 156

税額控除①贈与税額控除
相続税と贈与税の二重払いを避けられる …………………… 158

税額控除②配偶者の税額軽減
配偶者なら１億6000万円か法定相続分まで非課税になる … 160

税額控除③未成年者控除、障害者控除
未成年者や障害者がいる場合一定額を差し引ける ………… 162

税額控除④相次相続控除、外国税額控除
10年に２回以上の相続なら相続税が軽減される …………… 164

申告書作成の流れ
最終的に第１表と第２表で税額を計算する ………………… 166

要 Check
第９表「生命保険金などの明細書」………………………… 168

要 Check
第10表「退職手当金などの明細書」………………………… 170

要 Check
第11・11の２表の付表１「小規模宅地等についての課税価格の計算明細書」
……………………………………………………………………172

要 Check

第11の2表「相続時精算課税適用財産の明細書・
相続時精算課税分の贈与税額控除額の計算書」……174

要 Check

第11表「相続税がかかる財産の明細書」………176

要 Check

第13表「債務及び葬式費用の明細書」………178

要 Check

第14表「純資産価額に加算される暦年課税分の贈与財産価額及び
特定贈与財産価額・出資持分の定めのない法人などに遺贈した財産・
特定の公益法人などに寄附した相続財産・特定公益信託のために支出した
相続財産の明細書」………180

要 Check

第15表「相続財産の種類別価額表」………182

要 Check

第4表「相続税額の加算金額の計算書」………184

要 Check

第4表の2「暦年課税分の贈与税額控除額の計算書」………186

要 Check

第5表「配偶者の税額軽減額の計算書」………188

要 Check

第6表「未成年者控除額・障害者控除額の計算書」………190

要 Check

第7表「相次相続控除額の計算書」
第8表「外国税額控除額・農地等納税猶予税額の計算書」………192

要 Check

第2表「相続税の総額の計算書」………194

要 Check

第1表「相続税の申告書」………196

相続税もっとわかるコラム
申告書作成で誤りやすいポイントをチェックしておこう………198

パート5 税務署で申告・納税する

申告と納税の基本
原則は「10か月以内に」「相続人全員が」「現金一括納付」 …… 200

延滞税など（ペナルティ）
申告が遅れると延滞税がかかる …… 202

修正申告、更正の請求
税金の過不足はすみやかに届け出る …… 204

納税資金が足りない①延納
相続税の納付は分割払いにできる …… 206

納税資金が足りない②物納
金銭納付が無理なら「現物」で納付できる …… 208

■■ 集中講義 ■■
相続登記、名義変更 …… 210

要 Check
申告書の添付書類確認リスト …… 212

相続税もっとわかるコラム
相続税の税務調査は正直な対応が「吉」 …… 214

巻末付録

画地補正率表 …… 216

相続税の速算表 …… 217

贈与税のポイントまとめ …… 218

活用したい贈与税の特例 …… 220

相続・知っておきたい用語集 …… 222

さくいん …… 226

本書の内容は、原則として令和2年11月現在の情報に基づき作成したものです。
申告の際は、必ずご自身で最新の情報をご確認ください。

巻頭特集 1

確認は3段階
申告の要不要を確認する

相続税の申告の要不要のポイントは、自分で確認できます。
相続税がかからなくても申告が必要なケースもあります。

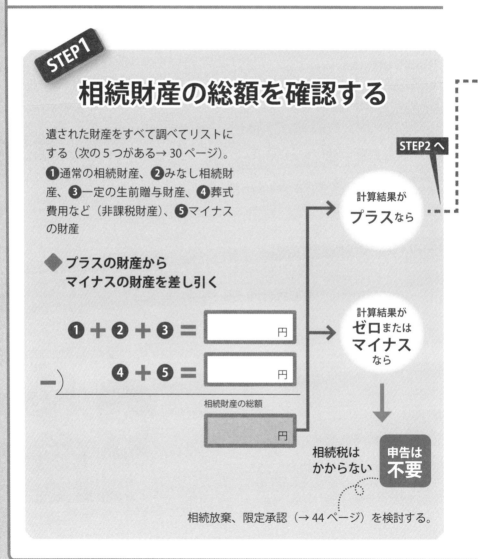

STEP2 「基礎控除」の金額を確認する

基礎控除とは、相続税の計算で最初に無条件で差し引ける控除額（→28ページ）。基礎控除の額は「3000万円＋600万円×相続人の数」。相続人とは配偶者や子など（→24ページ）。

◆ STEP1で計算した金額（相続財産の総額）から基礎控除額を差し引く

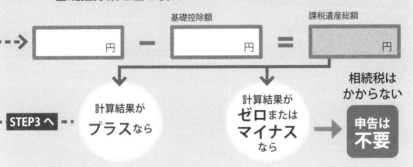

STEP3 特例などの適用を確認する

配偶者の税額軽減（→160ページ）や小規模宅地等の特例（→132ページ）など。その他の税額控除も適用を確認する。

◆ STEP2で計算した金額（課税遺産総額）から控除額を差し引く。

各控除等の計算方法は、それぞれのページを参照。

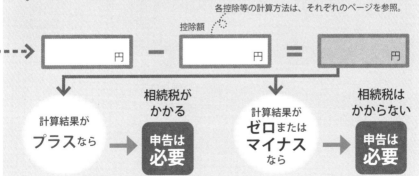

巻頭特集 2 申告までの流れとスケジュール &インデックス

相続開始から申告までの流れを押さえておきましょう。
本書の解説ページのインデックスにもなっています。

1か月

※月数の位置はイメージ

死亡

相続開始

- 相続開始日とは、被相続人の亡くなった日（または亡くなったことを知った日）のこと。
- 相続の前に相続や遺産分割について基本知識を身につけておく。

▶パート1

相続税とは ▶22ページ
相続人 ▶24〜27ページ
相続税の申告が必要な人 ▶28ページ
相続税の対象となる財産 ▶30ページ
生前贈与と相続 ▶32〜35ページ
法定相続分 ▶38ページ
相続税計算の基本 ▶40〜43ページ
遺産分割の基本ルール ▶46ページ
など

スケジュールのポイント 1

■葬儀や死後の手続きなどを確認
・葬儀や告別式、法要を行う。
・7日以内に市区町村役場へ死亡届を提出する。
・健康保険の資格喪失届や年金の受給停止手続き、金融機関へ死亡の届け出、公共料金の名義変更などを行う。
・生命保険金や遺族年金の請求手続きをする。　　など

```
            2か月              3か月              4か月
    ─────○───────────────○───────────────○──────────▶
```

巻頭特集② 申告までの流れとスケジュール&インデックス

相続財産を調べる、必要書類を集める

- どんな財産が遺されているか調べる。申告に必要な書類などを集める。
- すべての財産をリストにまとめておくとよい。

▶ **パート2**

必要書類とは ▶60ページ
戸籍に関する書類 ▶62〜67ページ
財産に関する書類
（不動産、預貯金、有価証券など）▶68〜91ページ
債務などに関する書類 ▶92ページ
遺産分割に関する書類（遺言書、遺産分割協議書）
▶94〜99ページ

生前から財産リストなどがつくられていればよいのですが、そうでない場合は手間や時間がかかります。

スケジュールのポイント 2

すみやかに

■遺言書の有無を確認する
（→94ページ）
・自筆の遺言書の場合、原則家庭裁判所の検認を受ける。
・遺言書がある…原則として、その内容にしたがって財産を分割する。遺言書がない…遺産分割協議により財産を分割する。

■相続人を確定する（→62ページ）
・隠れた相続人はいないか調べる。

スケジュールのポイント 3

3か月以内

■財産を相続するかどうか決める
（→44ページ）
・相続放棄…財産および負債をすべて相続しない。
限定承認…相続する財産の範囲内で債務を負担する。
・相続放棄、限定承認をする場合は、家庭裁判所に申し立てを行う。

4か月以内

■準確定申告を行う（→58ページ）
・被相続人の亡くなった日までの所得に対する確定申告を行う。
・納めた税額は相続財産から差し引く。

5か月　6か月　7か月

相続財産を評価する

- 財産ごとにお金の価値で評価する。
- 不動産（建物、土地）、株式、有価証券、預貯金など、財産の種類により評価の方法は異なる。

▶ パート3

財産評価とは	▶ 102ページ	小規模宅地等の特例	▶ 132〜135ページ
土地の評価の基本	▶ 104ページ	生命保険の評価	▶ 136ページ
宅地の評価方法	▶ 106〜121ページ	有価証券の評価	▶ 138〜145ページ
貸している土地の評価	▶ 122〜125ページ	事業用財産の評価	▶ 146〜149ページ
建物の評価	▶ 126ページ	その他の財産の評価	▶ 150ページ
駐車場の評価	▶ 130ページ		

スケジュールのポイント 4

申告までに

■ 遺産分割協議を行う（→ 54ページ）
- 遺言書がない場合、遺言書に記載のない財産がある場合など。
- 相続人全員が参加して分割方法を決める。
- 協議がまとまらない場合、家庭裁判所の調停や審判を受けられる。

8か月　9か月　10か月以内

相続税の申告書を作成する

- 第1表から第15表まであり、必要なものを使用する。

▶ パート4

申告書一覧　▶ 156ページ
税額控除　▶ 158～165ページ
申告書の作成　▶ 166～197ページ

相続税の申告、納付を行う

- 相続人が共同で、被相続人の住所地の税務署へ申告する。
- 延納や物納を行う場合は、申告期限までに申請する。

▶ パート5

申告と納税の基本　▶ 200ページ
延滞税など（ペナルティ）　▶ 202ページ
修正申告、更正の請求　▶ 204ページ
納税資金が足りない　▶ 206～209ページ

10か月は長いようですが、意外に早く過ぎるものです。必要な作業を確認して早め早めに進めていきましょう。

スケジュールのポイント 5

- 取得した財産の登記や名義変更を行う（→ 210ページ）
- 遺産分割協議が成立した後、すみやかに行う。

申告から1年後など

- 税務調査を受けることがある（→ 214ページ）
- 調査の結果、申告に間違いなどが見つかった場合は修正申告を行う。

巻頭特集② 申告までの流れとスケジュール＆インデックス

15

巻頭特集 3 意外と簡単？ 相続税の計算 基本のキホン

相続税額は相続財産の額で決まりますが、納めるのは個々の相続人などです。計算のしかたを知っておきましょう。

1 相続財産を合計する

相続人などが取得した財産（債務や葬儀費用の負担分は差し引く）を合計する。

下図の合計金額は例（債務や葬儀費用を差し引き後）。相続人は配偶者と子2人の場合。

2 基礎控除を差し引く

1 から基礎控除（3000万円＋600万円×相続人の数）を差し引く。

計算
基礎控除　3000万円＋600万円× 3 ＝ 4800万円
1億円－ 4800万円
＝ 5200万円

3 法定相続分で分割する

法定相続分は、民法による遺産分割の基準となる割合。相続人によって異なる（→ 38ページ）。

計算
子（× 2）　5200万円× 0.25 ＝ 1300万円
配偶者　5200万円× 0.5 ＝ 2600万円

● 1 〜 5 の計算の流れ ●

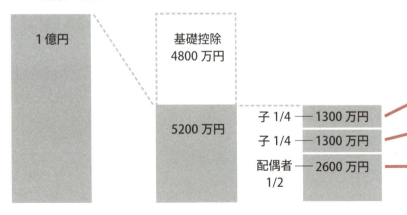

相続税の速算表 A × B − C で計算する。

各相続人の取得金額 A	税率 B	控除額 C	各相続人の取得金額 A	税率 B	控除額 C
1000 万円以下	10%	—	1 億円超 2 億円以下	40%	1700 万円
1000 万円超 3000 万円以下	15%	50 万円	2 億円超 3 億円以下	45%	2700 万円
3000 万円超 5000 万円以下	20%	200 万円	3 億円超 6 億円以下	50%	4200 万円
5000 万円超 1 億円以下	30%	700 万円	6 億円超	55%	7200 万円

4 相続税の総額を算出する

それぞれの税額を計算する（上の速算表に当てはめる）。計算した税額を合計する。

計算

子（×2）　1300 万円× 15%− 50 万円
＝ 145 万円
配偶者　2600 万円× 15%− 50 万円
＝ 340 万円
145 万円＋ 145 万円＋ 340 万円
＝ 630 万円

5 相続人などの負担額を算出する

相続人などの実際の相続割合で税額を分ける（相続税の総額×実際の相続割合）。このとき、それぞれに当てはまる税額控除を差し引き、2 割加算を加える。

計算

実際の相続割合は法定相続分と同じとする。配偶者は「配偶者の税額軽減」（→ 160 ページ）の適用を受ける。
子（×2）　630 万円× 0.25 ＝ 157.5 万円
配偶者　630 万円× 0.5 ＝ 315 万円
→配偶者の税額軽減適用により 0 円

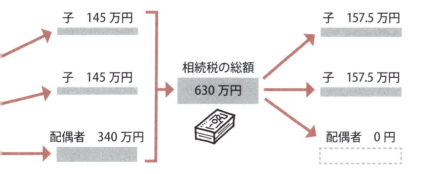

巻頭特集 4 自分でできる？
相続税の申告 難易度チェック

自分で申告をすれば、税理士への報酬を節約できます。ただし、申告作業はそう簡単ではありません。判断のめやすをチェックしてみましょう。

判断のめやす

 チャレンジを検討

 難しいかも…

 税理士に相談を！

😐に複数当てはまる、また😣が1つもないようなら、「自分で申告」を検討してみます。

☐ **相続財産の金額が大きくない。** 😐
・基礎控除前の相続財産額が5000万円以下など。

☐ **特例などの適用で、申告は必要だが相続税はかからない。** 😐
・特例などの適用判定が簡単。

☐ **相続財産は自宅と預貯金のみ。** 😐
・土地の形が真四角（正方形）に近い。

☐ **申告までに十分な時間の余裕がある。** 😐
・仕事をリタイヤしていて、申告作業に多くの時間を割けるなど。

- ☐ 相続財産に自宅以外の土地や賃貸物件がある。

- ☐ 生前贈与がある（暦年贈与、相続時精算課税制度）。

- ☐ 配偶者以外が小規模宅地等の特例の適用を受ける。

- ☐ 今回の相続の過去 10 年以内に相続があった。
  ・相次相続控除（→ 164 ページ）の検討。

- ☐ 相続財産が 1 億円以上。

- ☐ 土地の形状や権利関係が複雑。

- ☐ 上場していない会社の株式がある。

- ☐ 事業承継税制を利用したい。
  ・法人版（→ 143 ページ）、個人版（→ 148 ページ）。

- ☐ 海外の財産がある、海外の相続人がいる。

- ☐ 相続人や利害関係者の数が多い。
  相続人同士の関係がよくない。

巻頭特集④ 相続税の申告 難易度チェック

「自分で申告」の メリット・デメリット

自分で申告するメリット
・税理士報酬がかからない。
・家庭の事情などを他人に知られずにすむ。

自分で申告するデメリット
・申告内容により、大きな手間や時間がかかる。
・計算ミスや知識不足などによる誤りが発生しやすい。
・税理士以外が申告書を作成している場合、税務調査を受けやすい。

いずれにしても早めに決断しないと…。無理も禁物だな。

税理士に頼むなら

　税理士は信頼できる人に紹介してもらうほか、インターネットなどで探します。日本税理士会連合会による「税理士情報検索サイト（https://www.zeirishikensaku.jp/）」も利用できます。実績などをよく確認して、相続に強い税理士を選びます。ただし、丸投げはNG。財産の内容や利用する特例などを把握しておきましょう。
　税理士への報酬は、財産の種類や規模、依頼する業務範囲などにより大きく異なります（数十万円～数百万円など）。

選ぶときのポイント

相続にくわしいかどうか確認
税理士にも得意不得意があり、税理士によって税額が変わってしまう場合もある。相続に強い税理士かどうかよく確認する。

信頼できる人からの紹介が望ましい
周囲の信頼できる人や金融機関などからの紹介なら安心できる。インターネットなどで探すときは、十分比較検討する。

直接会ってから決める
何人か候補を見つけたら、必ず直接会って話をしてみる。プライベートな内容を伝えることもあるため、相性も大切。

パート **1**

相続税はどんな税金か

- 相続税とは……………………………22
- 相続人…………………………………24
- 相続税の申告が必要な人……………28
- 相続税の対象となる財産……………30
- 生前贈与と相続………………………32
- 相続時精算課税制度…………………34
- 法定相続分……………………………38
- 相続税計算の基本……………………40
- 相続放棄、限定承認…………………44
- 遺産分割の基本ルール………………46
- 遺留分…………………………………48
- 特別受益、寄与分……………………50
- 遺言……………………………………52
- 遺産分割協議…………………………54
- 調停分割、審判分割…………………56

相続税とは

相続した財産には税金がかかる

 亡くなった人の財産を相続すると、その金額により相続税がかかる。早くから対策を考えておく。

相続税はこんな税金

　相続とは、亡くなった人が所有していたお金や不動産などの財産を引き継ぐことです。亡くなった人を被相続人、財産を引き継ぐ権利のある人を相続人（→24ページ）、引き継ぐ財産を相続財産（または遺産）といいます。

　相続財産が一定額（基礎控除→28ページ）を超える場合、財産を引き継いだ人には税金がかかります。これが相続税です。亡くなった日＊（相続開始日）の翌日から10か月以内に、税額を計算して被相続人の住所地を管轄する税務署に申告・納付します。

　相続財産は大きな金額であることが多く、その分け方（遺産分割）については家族といえどもトラブルになりがちです。関係者全員が納得できるよう、公平を心がけて十分話し合うことが必要です。

　また、相続税はできるだけ節税したいところです。そのためには正しく財産を評価し、特例など税金を抑えるための知識などが欠かせません。税理士に依頼する場合も、自分自身で基本は押さえておきましょう。

＋α コラム　相続以外の財産の引き継ぎ方もある

　死亡による財産の引き継ぎ方には、遺言により財産を引き継ぐ「遺贈」もあります。遺贈では相続人以外の人も財産を引き継ぐことができます。遺贈も相続税の対象です。ただし、相続人以外で遺贈された人は、基礎控除の対象人数に含めない、相続税が２割加算されるといった違いがあります。

　その他、死亡を条件にした贈与契約で財産を受け取る「死因贈与」があります。死因贈与も相続税の対象で、遺贈と同様の扱いとなります。

＊または相続開始を知った日。

相続財産にかかる相続税

亡くなった人 ▶ **被相続人**

被相続人の財産
（相続財産＝遺産）
- 不動産、預貯金など。

財産を引き継ぐ人
▶ **相続人（法定相続人）**

相続人は民法で定められている。遺族の話し合いで相続人以外の人に財産を分けることもできる。

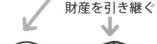

POINT
遺贈により財産を分けられた人は受遺者（じゅいしゃ）*という。
＊死因贈与で財産を受け取った人を受贈者という。

相続税がかかる
- 税率は財産の金額により10～55％。亡くなった日＊（相続開始日）の翌日から10か月以内に納める。

＊亡くなったことを知らなかった場合などは、相続開始を知った日。

········ **相続税に対する取り組みのポイント** ········

1 正しく税額を計算して期限内に申告・納付する。
- 期限を念頭に置いて、必要な書類の収集や遺産分割の話し合いをすみやかに行う。

2 税額を抑える工夫をする。
- 相続財産を減らす、財産の評価を下げる、賢い分割方法を検討するなど（生前または遺産分割時）。

パート1　相続税はどんな税金か

相続人

財産を相続できる人は法律で決まっている

 遺言がない場合、相続財産を引き継ぐことができるのは、民法で定められた相続人。相続人になる順番も決まっている。

誰でも財産を引き継げるわけではない

　民法では、**相続財産を引き継ぐ権利がある人を、相続人（法定相続人）と**して定めています。遺言がない場合、基本的に財産を引き継ぐことができるのはこの相続人です。まず亡くなった人の配偶者（内縁関係は不可）は、どんな場合も相続人になります。

　配偶者以外は亡くなった人と血縁関係にある人で、相続人になる順番（相続順位）があります。先の順位の人がいる場合、後の順位の人は相続人になれません。第1順位は子（直系卑属）、第2順位は親（直系尊属）、第3順位は兄弟姉妹です。相続人になるはずの人がすでに亡くなっている場合は、その子や孫が相続人となります（代襲相続）。相続人が親なら祖父母が相続人となります。

　相続開始後は、相続の権利を持つ相続人を確定させることが必要です。そのため、被相続人が生まれてから亡くなるまでのすべての戸籍を集めて、前妻（夫）の子や非嫡出子など、隠れた相続人がいないか確認します。

+αコラム　養子縁組はメリット・デメリットに注意

　養子縁組は、実子ではない人を子にすることです。養子縁組によって相続人の数が多くなると相続税の基礎控除が増えるため、相続対策として孫などを養子にするといったことが行われています。

　ただし、相続人になれる養子は実子がいる場合1人、実子がいない場合2人までです。また、養子が相続人になることで、相続する財産が少なくなる実子との間で争いを生みやすいので注意します。

相続人になる人とその優先順位

❶まず相続人となる

配偶者（常に相続人）

第1順位

子（直系卑属） ----代襲相続---→ 子が亡くなっている*場合は孫

　　　　　　　　　　　　　　↓代襲相続

　　　　　　　　　　　　孫が亡くなっている場合はひ孫

＊または相続権を失っている場合（以下同）。

❷第1順位の人がいないとき

第2順位

親（直系尊属） ----→ 親がどちらも亡くなっている場合は祖父母

　　　　　　　　　　　　↓

　　　　　　　　　　祖父母が亡くなっている場合は曽祖父母

❸第1順位、第2順位の人がいないとき

第3順位

兄弟姉妹 ----代襲相続---→ 兄弟姉妹が亡くなっている場合はおい、めい（おい、めいが亡くなっている場合、その子には相続権は移らない）

相続人記入シート（ひな型）

実際にわが家の相続人が誰になるのか、何人いるのか確認してみましょう。
実際の相続では戸籍により正確に調べることが必要です。

被相続人

名前

配偶者（常に相続人となる）

名前

第1順位　子

名前

名前

名前

名前

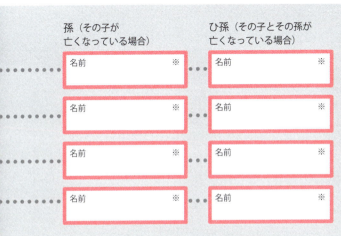

第2順位　親
（第1順位の人がいない場合に記入）　　祖父母（親がどちらも亡くなっている場合）

名前

名前

名前 ※

名前 ※

第3順位　兄弟姉妹
（第1、第2順位の人がいない場合に記入）　おい、めい（その兄弟姉妹が亡くなっている場合）

名前

名前

名前

名前 ※

名前 ※

名前 ※

孫（その子が亡くなっている場合）

ひ孫（その子とその孫が亡くなっている場合）

名前 ※

名前 ※

名前 ※

名前 ※

名前 ※

名前 ※

名前 ※

名前 ※

子の配偶者は相続人にはなりません。

パート1　相続税はどんな税金か

※の欄は1つに簡略化したもの。実際には1人とは限らない。
その他の欄も含め、欄が足りない場合は追加を。

相続税の申告が必要な人

財産が「3000万円＋600万円×相続人の数」超なら要申告

相続財産の合計金額が基礎控除以下なら相続税はかからない。
基礎控除の金額は相続人の数で変わる。

相続人の範囲に注意

相続税は、相続財産の総額（→30ページ）から基礎控除を差し引いた金額に課税されます。**基礎控除の金額は「3000万円＋600万円×相続人の数」です。相続財産の総額がこの基礎控除を超えなければ相続税はかからず、申告も必要ありません。**

平成26年までの基礎控除は「5000万円＋1000万円×相続人の数」でした。それが上記のように引き下げられた結果、相続税の対象者は大きく増えることになりました（死亡者のうち相続税の申告書を提出した数は、平成26年の約5万6000人から平成30年の約11万6000人に増加*）。

基礎控除額は相続人の数で変わり、相続人の数が多いほど有利になります。計算では次のような点に注意します。相続放棄（→44ページ）をした人は相続人の数に含めますが、相続人以外で遺贈を受けた人（受遺者）は含めません。養子は、実子がいる場合は1人、実子がいない場合2人までを含められます。

相続税の基礎控除額の計算

相続税の基礎控除額 ＝ 3000万円 ＋ 600万円 × [　　] 人（相続人の数）

*「平成30年分 相続税の申告事績の概要」（国税庁）。

相続財産が基礎控除以下かどうかチェックする

相続財産の総額

Ⓐ　　　　　　　　　円

基礎控除額

Ⓑ　　　　　　　　　円

Ⓐのほうが Ⓑ より多い　──→　申告が必要

Ⓐのほうが Ⓑ より少ない（または同額）──→　申告は不要

・・・・・相続税がかからない金額の計算例・・・・・

相続人の数	相続税がかからない金額

1人

相続財産が **3600万円** 以下
（3000万円＋600万円）

2人

相続財産が **4200万円** 以下
（3000万円＋600万円×2）

3人

相続財産が **4800万円** 以下
（3000万円＋600万円×3）

4人

相続財産が **5400万円** 以下
（3000万円＋600万円×4）

パート1　相続税はどんな税金か

相続税の対象となる財産

お金に換算できるものは原則すべて相続財産

金銭的価値のあるものすべてが相続財産で相続税の課税対象。
借金などはマイナスの財産として税額計算で差し引くことができる。

相続財産の範囲を知っておく

　亡くなった人（被相続人）が所有していた現金、預貯金、有価証券、不動産など、**お金に換算できるものはすべて相続財産として、相続税の対象になります**。遺贈や死因贈与で引き継がれた財産も含めます。

　被相続人の死亡にともない支払われた生命保険金や死亡退職金などは、亡くなった人が直接遺した財産ではありませんが、相続財産とみなされ、相続税の対象となります（みなし相続財産）。

　また、被相続人が生前行った贈与のうち、相続開始前3年以内のもの、相続時精算課税制度を利用したものは、相続税の対象として相続財産に加えます（→32、34ページ）。

マイナスの財産もある

　亡くなった人の残した借金なども相続することになります（マイナスの財産）。相続税の計算では、その金額を相続財産（プラスの財産）から差し引くことができます。マイナスの財産がプラスの財産より多い場合は、財産を相続しないという選択もできます（→44ページ）。

　その他、**亡くなった人の墓地・墓石など、相続税の対象外となる財産もあります（非課税財産）**。

　相続財産の範囲をはっきりさせることで、相続税の計算や遺産分割協議を正しく行うことができます。

ひとくちMEMO　**家族名義の財産も確認**　口座の名義などにかかわらず、そのお金を出したのが被相続人で、贈与の証拠などがなければ相続財産。相続税の対象となる（名義預金→76ページ）。

相続税のかからない財産もある

相続財産
- 現金、預貯金
- 不動産
  住んでいる家とその土地（自宅）、貸家と貸宅地、店舗、田畑、山林など
- 有価証券
  株式、公社債、投資信託など
- 債権
  貸付金、売掛金など
- 事業用財産
  棚卸資産、一般動産など
- その他
  家庭用財産（車、家具、貴金属・宝石、書画・骨董など）、ゴルフ会員権、電話加入権、特許権、著作権など

みなし相続財産
- 生命保険金
  （生命保険契約の権利含む）
- 個人年金など定期金に関する権利
- 死亡退職金

一定の生前贈与財産
- 相続開始3年前までに贈与された財産
- 相続時精算課税制度で贈与された財産

非課税財産
- 墓地・墓碑、仏壇・仏具、神棚・神具など
- 生命保険金などの一定部分
  （法定相続人の数×500万円）
- 死亡退職金などの一定部分
  （法定相続人の数×500万円）
- 国や地方公共団体、特定の公益法人などに寄附した財産

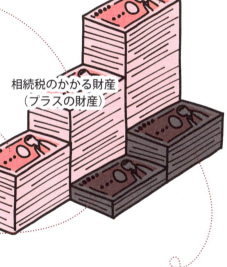

相続税のかかる財産
（プラスの財産）

マイナスの財産
- 借金（ローンの残金やカードの未決済分）
- 未払金（医療費や税金など）
- 預り金（敷金など）

相続税の計算で、プラスの財産から差し引くことができる

パート1　相続税はどんな税金か

生前贈与と相続

生前に贈られた財産も相続財産になることがある

生前贈与は相続対策として有効な手段の1つ。
相続や相続税を考えるときは、贈与の知識も欠かせない。

▍年110万円の基礎控除がある

　贈与とは、財産を無償で与える/受け取ることです。生前に行う贈与（生前贈与）では相続財産を減らせます。通常の贈与にかかる贈与税は相続税より負担が大きくなりますが、次のような方法を使うことで、相続対策として活用できます。

　まず、**贈与税には年110万円の基礎控除があります。この基礎控除を利用して子や孫などに年110万円以下の贈与をすれば、贈与税がかからずにすみます**（暦年贈与）。

　次に、特例を利用することで贈与税を抑えることができます。たとえば、配偶者への自宅などの贈与で、最高2000万円まで非課税にできる贈与税の配偶者控除や、子や孫の住宅取得などの資金贈与なら、原則1000万円を非課税にできる住宅取得等資金の贈与税の特例などです（→220ページ）。

▍生前贈与財産が相続税の対象になることも

　また、相続開始前3年以内に行われた贈与と相続時精算課税制度（→34ページ）を利用した贈与分は、相続財産に加えて相続税を計算することに注意します。贈与のとき贈与税を納めていれば、その贈与税分は相続税額から差し引くことができます。

　相続開始前3年以内であっても、右ページ下の贈与税の配偶者控除などの特例を利用している場合は、相続財産に加算する必要はありません。

ひとくちMEMO　**「みなし贈与」もある**　無償でなくても、実際の取引価格などとくらべて著しく安い価格で売買した場合などでは、贈与とみなされることもある。

生前贈与と相続の関係

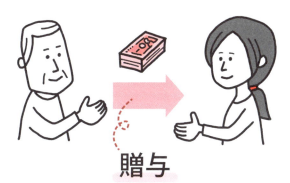

贈与

財産を無償で与える／受け取る
年110万円を超える贈与には贈与税がかかる。
生前贈与は上手に活用すれば相続税対策となる。

贈与の時期に注意！

被相続人からの相続開始前3年以内までの生前贈与財産は相続税の対象となる。
注・相続時精算課税制度による贈与は、時期にかかわらず相続税の対象となる。

贈与税の特例を利用した贈与なら相続財産に含めない

- ☐ 贈与税の配偶者控除の適用を受けた贈与
- ☐ 住宅取得等資金の贈与税の特例の適用を受けた贈与
- ☐ 教育資金一括贈与の非課税特例の適用を受けた贈与
- ☐ 結婚・子育て資金一括贈与の非課税特例の適用を受けた贈与

パート1 相続税はどんな税金か

集中講義 相続時精算課税制度

2500万円までの生前贈与に贈与税がかからない制度。
ただし、相続時には相続財産となり、相続税がかかります。

2500万円まで贈与税を先送りできる

相続時精算課税制度とは、**特定の親族間の贈与について、総額2500万円までの贈与にかかる税金を、相続時まで先送りできる制度**です。60歳以上の父母または祖父母から20歳以上の子・孫への贈与で利用できます。贈与する財産の種類に制限はなく、現金でも不動産でもかまいません。

制度の利用には、事前に贈与を受ける人の住所地を管轄する税務署への届け出が必要です。選択した年以降は、その親族間の贈与はすべて相続時精算

相続時精算課税制度のしくみ

生前贈与

制度の適用を受けるには事前に届け出をする。

60歳以上の
父母・祖父母

20歳以上の
子・孫

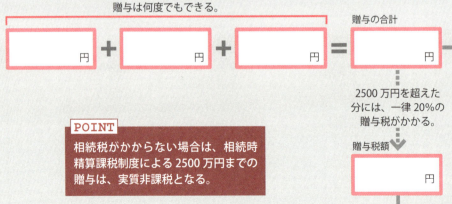

2500万円までの贈与に贈与税がかからない。
贈与は何度でもできる。

□ 円 + □ 円 + □ 円 = 贈与の合計 □ 円

2500万円を超えた分には、一律20％の贈与税がかかる。

贈与税額 □ 円

POINT
相続税がかからない場合は、相続時精算課税制度による2500万円までの贈与は、実質非課税となる。

課税が適用され、基礎控除は使えなくなります。

　総額で2500万円を超えた金額には、一律20％の贈与税がかかります。この贈与税分は相続税の計算で相殺します（贈与税額控除→158ページ）。

制度のポイントを確認

　相続時精算課税制度は課税の先送りなので、基本的に節税になるものではありません。しかし、後に相続税の負担が発生しないなら、実質非課税で2500万円までの財産を贈与できることになります。相続税の計算の際、贈与時の価格で評価されるのもポイントです。将来値上がりが期待できる財産の贈与なら、相続時の税金を抑えられることになります。つまり、**有利な早期の財産移転に役立つ可能性があります。**

　デメリットとして、110万円の基礎控除が使えなくなるため、贈与金額が110万円以下であっても贈与のあった年には申告が必要になります。また、いったん選択した後の取り消しはできません。

相続時

贈与した人が亡くなった。

被相続人

相続人

相続時精算課税制度による贈与金額を相続財産に加える。

贈与の合計	＋	それ以外の相続財産	＝	課税価格
円		円		円

（不動産などは贈与時の価格）

納めた贈与税額を差し引ける。

負担する相続税額	－	贈与税額	＝	納める相続税額
円		円		円

（上の課税価格から計算）

要Check
「相続税の申告要否 判定コーナー」を活用

国税庁ホームページにあるこのコーナーでは、自分の相続に関する情報を入力することで、相続税の申告が必要かどうか確認できます。

トップ画面

スタートをクリック。
▶パソコンの推奨環境などを確認して、画面最下部の「確認終了（次へ）」をクリック。

コーナーへの行き方

国税庁ホームページ（https://www.nta.go.jp/）→「申告・申請・届出等、用紙（手続の案内・様式）」→「相続税」→「相続税の申告要否判定コーナー」の順にクリック。

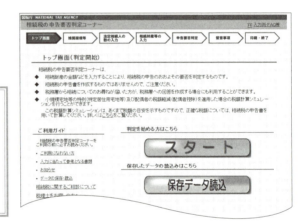

1 相続人について入力する

配偶者の有無や子の数などを入力する。
▶入力後、画面最下部の「入力終了（次へ）」をクリック。

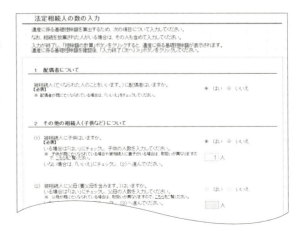

36

2 相続財産等について入力する

相続財産、債務及び葬式費用などを入力する（それぞれ別画面で内訳を入力できる）。

▶入力後、画面最下部の「入力終了（次へ）」をクリック。

```
相続財産等の入力

該当する項目の「入力する」ボタンをクリックし、画面の案内に従って入力してください（入力が終了した項目については、「修正・
内容確認」ボタンが表示されるとともに「金額」欄に入力結果が表示されます。）。
該当する全ての項目の入力が終了したら「入力終了（次へ）」ボタンをクリックしてください。
なお、相続財産の金額の算出方法（評価方法）については、こちらをご覧ください。
                                                          当画面の入力例
相続財産

  項目              入力・修正・内容確認        金額
土地等              修正・内容確認         20,000,000 円
建物               修正・内容確認         10,000,000 円
有価証券            入力する                    円
現金・預貯金         修正・内容確認          5,000,000 円
生命保険金等・死亡退職金等   入力する                    円
その他の財産         入力する                    円
相続時精算課税適用財産    入力する                    円
       相続財産の合計額                    35,000,000 円

債務及び葬式費用

                                     金額
```

3 申告の要否が判定される

入力結果と判定が表示される。

▶続けて、小規模宅地等の特例（特定居住用宅地等）と配偶者の税額軽減を適用した場合の税額シミュレーションもできる（「特例適用・税額計算シミュレーション」をクリック）。

```
申告要否判定

申告要否判定結果を確認してください。
なお、「小規模宅地等の特例(特定居住用宅地等)」と「配偶者の税額軽減（配偶者控除）」を適用して税額計算のシミュレーショ
ンを行う場合は、「特例適用・税額計算シミュレーション」ボタンをクリックしてください。
「小規模宅地等の特例(特定居住用宅地等)」と「配偶者の税額軽減（配偶者控除）」を適用して税額計算のシミュレーションを
行わない場合は、「確認終了（次へ）」ボタンをクリックしてください。

1  申告要否判定
入力結果は以下のとおりです。

 No          項目                        金額
 1   相続財産の合計額                    35,000,000 円
 2   債務及び葬式費用の合計額               1,000,000 円
 3   純資産価額(1－2)（赤字のときは0）        34,000,000 円
 4   相続開始前3年以内の贈与財産の合計額          0 円
 5   遺産に係る基礎控除額                 42,000,000 円
 6   課税遺産総額(3+4-5)（赤字のときは0）        0 円

「6  課税遺産総額」が 0円ですので、相続税の申告は不要です。
※  この判定結果は、あくまでおおよそですので、ご留意ください。
```

+α コラム 相続税に関する書類が送られてくることもある

相続開始後、税務署から「相続税のお尋ね」などとして、「相続税の申告要否検討表」などの確認書類が送られてくる場合があります。これは必要事項を記入して返送する必要のある大切な書類です。

「相続税の申告要否検討表」は、国税庁のホームページにも用意されているので、相続税を課税されるかどうかについて、自分自身で確認するためにも利用できます。

37

法定相続分

法定相続分を基準にして財産を分ける

法定相続分は相続財産の分割割合の基準。
相続人の組み合わせによって、その割合が変わる。

相続税額は法定相続分で計算する

　相続財産の分け方は、遺言があれば通常その内容にしたがい、なければ相続人の話し合い（遺産分割協議）で決めることになります。相続人全員が同意すればどんな分け方でもかまいませんが、**民法では基準となる分割の割合を定めています。これを法定相続分といいます**。

　法定相続分の割合は配偶者が優遇されます。たとえば相続人が配偶者と子の場合、法定相続分は配偶者2分の1、子2分の1ですが、子が複数なら2分の1を子の数で分けることになります（子が2人なら4分の1ずつ、子が3人なら6分の1ずつ）。また、相続人が配偶者と親または兄弟姉妹の場合には、配偶者が大きな割合を相続して、残りをほかの相続人で均等に分けることになります（→右ページの②、③）。

　法定相続分を基本にすれば、遺産分割で相続人全員が納得しやすくなります。また**実際の分割割合や方法にかかわらず、相続税（総額）は法定相続分により計算します**。

+α コラム　特定の人に相続させないこともできる

　相続人の1人が被相続人に虐待や重大な侮辱を行った、ある相続人に著しい非行があるという場合、被相続人はその相続権を奪うことができます。これを「相続人の廃除」といいます。廃除の対象は遺留分（→48ページ）のある相続人です（遺留分のない相続人は、廃除しなくても遺言で財産を渡さないことができる）。被相続人自身が生前に家庭裁判所に申し立てを行うか、遺言書に廃除の意思を明記します（相続開始後に家庭裁判所の認定を受ける）。

「法定相続分」は相続人の組み合わせで変わる

❶ 配偶者と子

❷ 配偶者と親

❸ 配偶者と兄弟姉妹

子が複数の場合
2分の1を均等に分ける。

親が複数の場合は
3分の1を均等に分ける。

兄弟姉妹が複数の場合は
4分の1を均等に分ける。

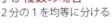
子が2人

❹ 子や親、兄弟姉妹のみ
（配偶者がいない）

財産を均等に分ける。

子が3人

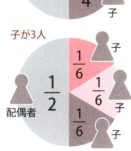

相続人が2人

相続人が3人

・・・・・・ 法定相続分を確認しておこう ・・・・・・

相続人の名前	（続柄）	法定相続分	相続人の名前	（続柄）	法定相続分
	（　）			（　）	
	（　）			（　）	
	（　）			（　）	

パート1 相続税はどんな税金か

相続税計算の基本

相続税の税率は10％から55％

 相続税の計算は基礎控除を差し引いた金額で行う。
法定相続分で分けた場合の金額に税率を掛けるのがポイント。

法定相続分で税額を計算

　相続税の額は、**相続財産に対して10〜55％の税率を掛けて算出します**。相続財産の額が大きくなるほど、高い税率が課せられます（超過累進課税→計算方法は右ページ）。

　相続税の計算では、まず各相続人が取得する相続財産（プラスの財産）をすべてあきらかにして、引き継ぐ借金などのマイナスの財産があれば差し引きます。この金額を課税価格といいます。**各人の課税価格を合計して基礎控除（3000万円＋600万円×法定相続人の数）を差し引いた金額を課税遺産総額といい、この金額に相続税がかかることになります**。

　相続税の計算の特徴は、**法定相続分によって相続税の総額を計算すること**です。課税遺産総額をいったん法定相続分で按分して、それぞれに税率を掛けて各人の相続税を計算した後に合計します。この計算方法では、実際の遺産分割の方法がどうあれ全体の税額は変わりません。

　この相続税額を、各人が実際に取得した相続割合ごとに負担します。

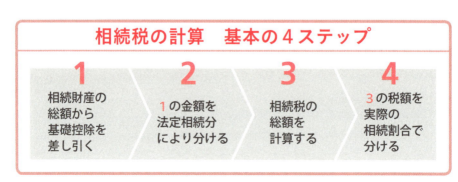

相続税の計算　基本の4ステップ

1. 相続財産の総額から基礎控除を差し引く
2. 1の金額を法定相続分により分ける
3. 相続税の総額を計算する
4. 3の税額を実際の相続割合で分ける

相続税の税率は８段階

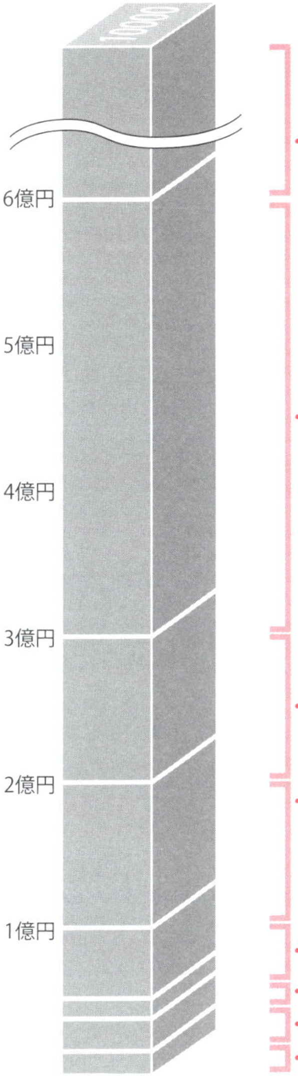

相続財産の金額　　　　税率

6億円 | 5億円 | 4億円 | 3億円 | 2億円 | 1億円

6億円超　**55%**

3億円超　6億円以下　**50%**

2億円超　3億円以下　**45%**

1億円超　2億円以下　**40%**

5000万円超　1億円以下　**30%**

3000万円超5000万円以下　**20%**

1000万円超3000万円以下　**15%**

1000万円以下　**10%**

相続税は超過累進課税
たとえば、取得金額が8000万円なら、1000万円以下の部分を10％、
3000万円以下の部分を15％、5000万円以下の部分を20％、
8000万円以下の部分を30％として計算する（速算表→217ページ）。

パート**1**　相続税はどんな税金か

書き込み式　相続税の計算手順

要Check

おおよその相続財産の額がわかったら、
相続税がどれくらいになるのか計算してみましょう。

1 相続財産の総額から基礎控除を差し引く（課税遺産総額を計算）

| 相続財産の総額（課税価格の合計） 円 | − | 基礎控除 4,800万 円 | = | 課税遺産総額 4,810.5 円 |

(手書き: 5万5,880)

相続人等が取得した財産から、それぞれが負担した被相続人の債務や葬儀費用を差し引いた金額（課税価格）の合計。

3000万円 ＋
600万円 × 相続人の数　3　人

2 1の金額を法定相続分により分ける

39ページで確認する。

相続人A
名前

課税遺産総額　　円　× 法定相続分 $\frac{1}{2}$
(手書き: 1,110)
= 　　円 A

相続人B
名前

課税遺産総額　　円　× 法定相続分 $\frac{3}{8}$　$\frac{1}{4}$
(手書き: 1,110)
= 　　円 B

相続人C
名前

課税遺産総額　　円　× 法定相続分 $\frac{1}{8}$　$\frac{1}{4}$
(手書き: 1,160)
= 　　円 C

相続人D
名前

課税遺産総額　　円　× 法定相続分
= 　　円 D

3 相続税の総額を計算する

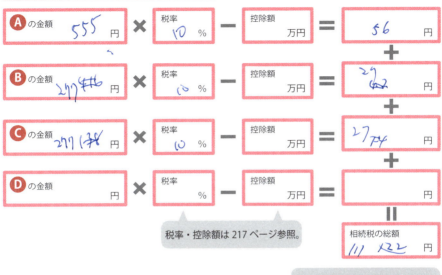

税率・控除額は 217 ページ参照。

4 3の税額を実際の相続割合で分ける

相続放棄、限定承認
借金などが多ければ相続しないこともできる

相続の方法には、単純承認、相続放棄、限定承認という3つがある。いずれかを相続開始から3か月以内に選ぶ。

相続したくなければ相続の権利を放棄できる

相続では不動産や預貯金といったプラスの財産よりも、借金などのマイナスの財産のほうが多いこともあります。

こんな場合には、**相続の権利自体を放棄できます。これを相続放棄といい、はじめから相続人ではなかったことになります。プラスの財産を受け取らない代わりに、借金や債務を引き継がなくてすみます。**代襲相続もなくなり、相続の権利は次の順位の人に移ります。

相続放棄をするには、必要書類をそろえて家庭裁判所に申し立てを行います。期限は亡くなった日（相続開始日）*から3か月以内です。いったん相続放棄を選ぶと取り消しはできません。

借金は条件つきで引き継ぐ方法もある

借金の総額がはっきりしない、相続財産が全体でプラスかマイナスかすぐには判別できない、ということもあります。

こうした場合は、**プラスの財産の額を限度として、債務などのマイナスの財産を引き継ぐ限定承認という方法もあります。**

限定承認の期限は相続放棄と同じですが、家庭裁判所への申し立ては相続人全員が共同で行う必要があるなど、手続きは相続放棄より煩雑です。

3か月以内に限定承認も相続放棄の手続きもしなかった場合は、相続財産すべてをそのまま引き継ぐ単純承認となります。

ひとくち MEMO **熟慮期間** 相続放棄と限定承認の選択期限は相続開始日から3か月以内。これは熟慮期間ともいわれる。期間内に選択できない場合は、熟慮期間の延長を求めることもできる。

*または相続開始を知った日。

相続放棄、限定承認は3か月以内に決める

相続放棄

すべての相続財産を相続しない
- 債務を負担せずにすむが、財産も一切相続できない。
- 相続や相続税に関する手続きは不要。

↓

3か月以内に家庭裁判所に申し立てを行う
- 各相続人が単独でできる。

相続放棄申述書

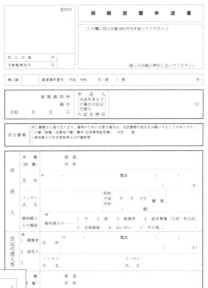

限定承認申述書
（家事審判申立書の事件名の欄に「相続の限定承認」と書いて作成する）

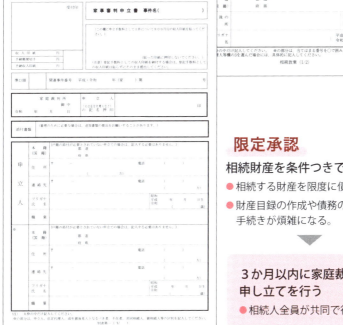

限定承認

相続財産を条件つきで相続する
- 相続する財産を限度に債務を負担する。
- 財産目録の作成や債務の清算などで、手続きが煩雑になる。

↓

3か月以内に家庭裁判所に申し立てを行う
- 相続人全員が共同で行う。

パート1 相続税はどんな税金か

45

遺産分割の基本ルール

上手に遺産分割すれば節税やトラブル回避ができる

相続人が複数いる場合、遺産分割が必要になる。
トラブルを避けるため、よく話し合い公平な分割方法を工夫する。

不動産など「分けにくい」財産もある

遺産分割とは、亡くなった人の財産を分けることです。**遺言書があれば原則としてその内容にしたがいます（指定分割）。なければ相続人の話し合いによって決めることになります（協議分割）。**

相続財産は現金や預貯金だけでなく、不動産や株式などさまざまな形があります。公平に分けるのが難しいことも多いため、分割方法を工夫することも必要です。

たとえば相続財産の大半が不動産という場合、その不動産を売却して現金化し、それを分けるという方法があります（換価分割）。自宅など売却できない不動産なら、相続人の1人が取得して、その相続人がほかの相続人に相続分に見合ったお金を渡すという方法もあります（代償分割）。**代償分割ではその相続人に十分な支払い能力が必要です。**

不動産の場合、持ち分を決めて権利を共有する方法もありますが、長期的にはトラブルになりやすいので、慎重な検討が必要です。

+α コラム 二次相続を考えた遺産分割を

最初の相続（一次相続）の後、遺された配偶者が亡くなって発生する相続を二次相続といいます。

二次相続では、一次相続より相続人が1人少ないため基礎控除が少なくなります。相続人に配偶者がいないので「配偶者の税額軽減」（→160ページ）という大きな税額控除が使えません。こうしたことから税負担は大きくなりがちです。相続対策では二次相続を想定しておくことが大切です。

遺産分割の3つの方法

現物分割

相続財産をそのままの形で分ける。
自宅は妻、預貯金は長男、株式は長女など。

例

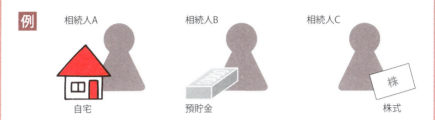

換価分割

相続財産の一部または全部を売却して、売却で得たお金を分ける。売却益に所得税がかかることに注意。

例

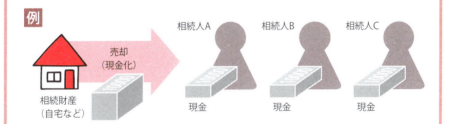

代償分割

特定の相続人が相続財産をそのまま取得して、
ほかの相続人には、それぞれの相続分に見合ったお金を支払う。

例

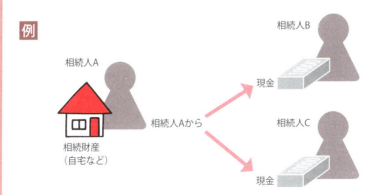

遺留分

相続人には最低限取得できる財産割合がある

 遺留分は相続人の持つ相続財産に対する最低限の権利。
遺留分を侵害された場合、その権利を主張できる。

最低限の相続分が保証されている

相続人（兄弟姉妹以外）には、最低でも相続財産の2分の1または3分の1を取得できる権利が保証されています。これを遺留分といいます。

たとえば相続人が配偶者と子なら、遺留分は相続財産の2分の1です。配偶者は遺留分の半分、子は残りの半分（子の数で均等割り）を取得する権利があります。

遺留分が問題となるのは、遺言で特定の相続人や相続人以外の人（愛人など）に大きく偏った遺贈が行われた場合などです。

遺留分の不足分はお金を請求できる

遺産分割で遺留分を侵害された場合、**侵害した相手に対して遺留分の不足分をお金で請求できます。これを遺留分侵害額の請求といいます**。相続開始前1年以内の生前贈与分（特別受益分〈→50ページ〉は相続開始前10年以内）も遺留分侵害の対象に含めます。

請求は口頭で行うこともできますが、相手が応じない場合に請求の証拠を残すため、内容証明郵便で請求しましょう。さらに、家庭裁判所に遺留分侵害額の請求を申し立てることもできます。

遺留分侵害額の請求には時効があり、相続が開始して遺留分の侵害を知ったときから1年*です。なお、遺留分を侵害した遺言書は無効というわけではなく、遺留分侵害額の請求が行われなければ有効です。

> **ひとくち MEMO** **以前の遺留分請求** 令和元年6月以前は、遺留分の侵害に対して相続財産そのものを取り戻す権利（減殺請求）だった。不動産は共有となることも多く、後の紛争原因になりやすかった。

*または相続開始から10年を経過したとき。

遺留分は相続財産の2分の1または3分の1

- 相続人全体で相続財産の1/2または1/3が遺留分となる。
- 遺留分の権利を持つ相続人は、配偶者、子（子の代襲相続人含む）、親（直系尊属）。

相続財産

配偶者、子が相続人
相続人全体で 1/2

親のみが相続人なら
相続人全体で 1/3

兄弟姉妹には遺留分はありません。

相続人の組み合わせで割合が変わる

相続人が1人
（配偶者または子）

- 相続人が親の場合は1/3。

相続人が配偶者と子または子のみ

- 配偶者と子なら、配偶者1/4、子は人数により1/4を均等に分ける。子のみなら、人数により1/2を均等に分ける。

相続人が配偶者と親

- 配偶者のほうが大きな割合となる。

自分の遺留分を計算してみよう

パート1　相続税はどんな税金か

特別受益、寄与分

遺産分割は生前の贈与や特別な貢献を考慮する

 被相続人による生前の特別な援助や、
被相続人に対する生前の特別な貢献は遺産分割に反映される。

生前に受けた援助分は差し引く

　相続人の中に、亡くなった人から生前多くの財産を受け取っていた人がいる場合、相続財産を均等に分けると不公平になることがあります。この生前に受け取った財産を**特別受益**といいます。たとえば、**結婚の支度金やマイホームの購入資金、事業の開業資金などです。遺言により相続人が受け取った財産（遺贈）も特別受益の1つとなります**＊。通常必要となる範囲の学費負担や仕送り、生活資金などは特別受益とはなりません。また、結婚20年以上の配偶者に対する自宅などの贈与も特別受益の対象外です。

　特別受益分は、相続財産に加えた上で遺産分割を行います（特別受益の持ち戻し→右ページ図）。

特別な貢献をした人は寄与分を主張できる

　亡くなった人の介護を献身的に行った、家業を長くほぼ無償で手伝ったなど、**被相続人の財産の維持や増加に特別な貢献をした相続人には、寄与分として相続分の上乗せを考慮します**。ただし、配偶者による介護などは「特別な」貢献とはいえないため対象外です。

　また、長男の妻など相続人でない親族は寄与分の対象外ですが、療養看護や介護などの貢献については、相続人に対して「特別寄与料」を請求できます。寄与分や特別寄与料の金額は、遺産分割協議で話し合って決めることになります。

> **ひとくち MEMO　特別寄与料以前**　特別寄与料の請求ができるのは令和元年7月の相続から。それまでは寄与分しかなく、相続人以外は対象外のため、長男の妻のような立場の人は報われなかった。

＊ただし、遺留分の算定で対象となる特別受益は、相続開始前10年以内のもの。

特別受益、寄与分があるときの遺産分割

相続人に特別受益のある人（特別受益者）がいる場合

【条件】相続人A、相続人B、相続人Cのうち、相続人Cに特別受益あり。

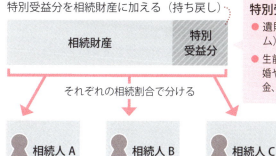

特別受益となるもの
- 遺贈（→22ページ＋αコラム）された財産
- 生前贈与された一定の財産（結婚や養子縁組の支度金、住宅資金、独立開業資金、留学費用など）

特別受益分を差し引く（計算結果がゼロやマイナスなら、相続財産は受け取れない）。

相続人に寄与分のある人がいる場合

【条件】相続人A、相続人B、相続人Cのうち、相続人Bに寄与分あり。

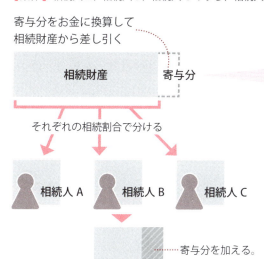

寄与分となる例
- 被相続人の事業（家業など）をほぼ無償で手伝っていた
- 被相続人の事業などに資金を提供したり、債務を肩代わりした
- 被相続人の療養介護などを献身的に行っていた　など

寄与分を加える。

遺言

相続開始後は遺言書があるかどうかまず確認

遺言は被相続人の遺産分割に対する意思。
遺産分割で最優先される。公正証書遺言で遺すのが確実。

遺言は亡くなった人の意思表示

　遺言は、亡くなった人が自らの財産の引き継ぎ方（誰に・どの財産を・どれだけ・どのように）について、生前に遺した意思です。遺言がある場合、遺産分割ではその内容を優先的に扱います。**被相続人は遺言によって財産を希望通りに分割でき、相続人以外の人にも財産を渡せます。分割方法を決めておくことで、相続人同士の紛争を防ぐ手段にもなります。**遺言の内容を実現する手続きなどを行う「遺言執行者」を決めておくこともできます。

　遺言の内容は原則として自由ですが、一定の相続人には遺留分（→48ページ）の権利があることに注意が必要です。

遺言書には守るべき「形式」がある

　遺言の書かれた文書が遺言書です。**遺言書が法的な効力を持つには、一定の形式を整えていることが必要です。**右ページの3つの種類がありますが、**自筆証書遺言、公正証書遺言が多く利用されています。**

　自筆証書遺言は自筆による遺言書です。自宅ですぐに作成できて費用もかかりませんが、内容の不備による無効（→ひとくちMEMO）のほか、紛失や第三者による隠匿（いんとく）・改ざんの危険があります。公正証書遺言は、遺言を公証人（公証事務を行う専門家）に伝えて公正証書として作成します。確実に法的に有効な遺言書をつくれますが、2人以上の証人が必要になるなどやや手間がかかり、一定の手数料も必要です。

> **ひとくち MEMO** **自筆証書遺言が無効となる場合**　作成年月日の記載がない、自筆による署名、押印がない、自筆で書かれていない（財産目録を除く）など。検認によりこうした遺言書は無効になる。

遺言書の3つの種類と特徴

	検認	証人	手数料	メリットとデメリット
自筆証書遺言 遺言を遺す人が自筆で書き、署名・押印する（財産目録はパソコン可）。	必要	不要	不要	**メリット** ● 好きなときに好きな場所で書ける。 ● 遺言書の内容やその存在を秘密にできる。 **デメリット** ▲ 紛失や盗難、第三者による破棄、変造のおそれがある。 ▲ 死後発見されないおそれがある。 ▲ 形式の不備などにより無効になることがある。

自筆証書遺言の預かり制度を利用
申請により遺言書保管所（法務局）で保管してもらえる。
形式の確認をしてもらうことができ、検認は不要になる。

	検認	証人	手数料	メリットとデメリット
公正証書遺言 遺言を遺す人が公証人に遺言内容を口頭で伝え、作成してもらう。	不要	2人以上	数万円など〜	**メリット** ● 紛失や盗難、破棄、変造の心配がない。 ● 形式の不備などが生じることがない。 **デメリット** ▲ 公証人や証人に遺言の内容を知られる。 ▲ 原則として公証役場に出向く必要がある。
秘密証書遺言 遺言を遺す人が遺言書を作成・封印し、遺言者のほか、公証人、証人が署名・押印する。	必要	2人以上	1万1000円	**メリット** ● 遺言書の内容を秘密にできる。 ● パソコン等の使用や代筆が認められる。 **デメリット** ▲ 形式の不備などにより無効になることがある。 ▲ 紛失や盗難、第三者による破棄、変造のおそれがある。 ▲ 原則として公証役場に出向く必要がある。

パート1 相続税はどんな税金か

遺産分割協議

遺産分割の話し合いは相続人全員で行うことが必須

遺言書がなければ遺産分割協議を行う。
相続人全員で行うことが必須で、代理人などが必要になることも。

申告期限に間に合うよう話し合う

遺言書がなく、相続人が複数いる場合には、誰がどのように財産を引き継ぐのかを決めなければなりません。**遺族分割について、相続人全員が集まって行う話し合いが遺産分割協議です。**協議完了に期限はありませんが、**相続開始日の翌日から10か月以内の相続税の申告期限に間に合うよう進めます。**相続税の申告時に遺産分割が確定していないと、一部の税額控除や特例を受けられないからです。

分割の内容は文書にする

遺産分割協議は、すべての相続人が確定した後、全員が集まって行います（電話やメール、ファックスも可）。**1人でも欠けているとその協議は無効です。**相続人に未成年者や認知症の人などがいる場合は、代理人（→右ページ）が協議に参加します。**事前に相続財産がわかるリストなどを作成、相続財産の評価についても調査しておきましょう。**

遺産分割の考え方は法定相続分（→38ページ）を基本とします。公平な分割を心がけ、特別受益や寄与分（→50ページ）にも配慮します。なお、遺言書が遺されていても、相続人全員の合意があれば遺言と異なる分割方法にできます。

相続人全員が分割内容に合意すれば、遺産分割協議は完了です。合意内容に基づいた遺産分割協議書を作成しておきましょう（→96ページ）。

> **ひとくちMEMO　包括遺贈に注意**　遺言で贈る財産の割合だけを示した遺贈を「包括遺贈」という。包括遺贈を受けた人はその内容を具体的に決めるため、遺産分割協議に参加する。

遺産分割協議のルールを確認

☐ 相続人は全員参加する（相続人の範囲→ 24 ページ）。参加していない相続人がいた場合、その協議は無効となる。

☐ 包括受遺者（遺贈された人で、遺贈分を財産の割合などで示された人）も参加する。

☐ 未成年者など一定の相続人には、代理人をつけて協議に参加してもらう（下図）。

☐ 全員が集まれない場合、電話やメールなどにより協議を進めてもよい。

☐ 協議は全員の合意で成立する。多数決などは不可。原則として、協議の結果は遺産分割協議書にまとめる。

代理人が必要なケース

相続人に未成年者がいる場合	**認知症などの人がいる場合**	**行方不明の人がいる場合**
▼	▼	▼
親権者（相続人でないこと）または特別代理人を選任する。複数の未成年者がいる場合は代理人も複数必要。	成年後見人を選任する。	不在者財産管理人を選任する。
●特別代理人の選任は、親権者などが家庭裁判所に「特別代理人選任の申し立て」を行う。	●配偶者、四親等内の親族などが、家庭裁判所に「後見開始の申し立て」を行う。	●その配偶者、ほかの相続人、債権者などが、家庭裁判所に「不在者財産管理人選任の申し立て」を行う。

集中	調停分割、審判分割
講義	遺産分割協議がまとまらない場合は、家庭裁判所の助けを借りることになります。

調停では家庭裁判所が間に入る

　遺産分割協議は相続人全員の合意が必要です。どうしても全員の合意に達しない場合、家庭裁判所の力を借りて合意の方法を探ります。調停委員など第三者が間に入って話し合う調停（調停分割）と、裁判によって分割方法を決める審判（審判分割）があります。

　調停では、裁判官や調停委員の助言や提案を受けながら家庭裁判所で話し合います。調停日の回数や期間に制限はありません。1～2年といった長期にわたって続くケースもあります。合意ができれば調停は終了です。

　調停を行うには、相続人（1人でも可）が家庭裁判所に申し立てを行います。

審判は裁判所が分割方法を決める

　調停で話し合いがまとまらない場合、審判へ移行します（審判の申し立ては不要）。これまでの話し合いの経過や事実関係を再調査の上、裁判官ができるだけ公平な分割方法を決めます。通常審判には数か月以上の期間を要します。審判の結果に不服がある場合には、高等裁判所に対して即時抗告（不服の申し立て）もできます。

＋α コラム　相続の権利を失う場合とは

　被相続人やほかの相続人の生命を奪おうとして刑を受けた、だましたり脅したりして自分が有利になるように遺言書を作成、修正させようとした、遺言書を偽造、破棄・隠匿したことが露見した場合には、その相続人は自動的に相続権を失います。これを「相続欠格」といいます。

　ただし、相続欠格になった人の相続分は、その相続人に子がいれば代襲相続が認められます。

調停分割、審判分割の流れ

分割協議がまとまらない

調停分割
- 相続人のいずれかが、家庭裁判所に調停の申し立てを行う。
- 調停委員会（家事審判官1人、調停委員2人）が相続人などの間に入って、分割の話し合いを進める。

合意できた
（調停が成立）
- 調停証書がつくられる。

合意できない
（調停が不成立）

分割協議終了

審判分割
- 家事審判官の事実関係の調査により、できるだけ公平な分割方法が決められる。

分割協議終了

審判に不服がある場合は、即時抗告（不服の申し立て）により高等裁判所の審理を受けられる。

遺産分割調停申立書
（「調停」にチェックして作成する）

申し立ての主な必要書類
- ☐ 遺産分割調停申立書
- ☐ 被相続人の戸籍謄本（出生から死亡時までのものすべて）
- ☐ 相続人全員の戸籍謄本や住民票
- ☐ 財産目録など相続財産に関する書類

相続税もっとわかるコラム

亡くなった人に代わって確定申告をする

　亡くなった人がその年に一定の所得を得ていた場合（1月1日から亡くなる日まで）、相続人は亡くなった人に代わって確定申告を行います。これを「準確定申告」といいます。相続開始日（亡くなった日）の翌日から4か月が申告期限です。相続人は被相続人の亡くなった年の収入の内容を調べて、準確定申告の要不要を確認します。

　申告書は所得の種類によって使い分けます（申告書AまたはB*）。さらに、株式や不動産売買の所得なら第三表や各種計算明細書、事業による所得は収支内訳書や青色申告決算書なども使います。相続人がどのように税額を負担するかについて、確定申告書付表も作成します。

　提出先は、亡くなった人の住所地を管轄する税務署です。なお、準確定申告で納めた税金は、相続財産から差し引くことができます。還付された税金は相続財産の一部となります。

準確定申告が必要になる主なケース

- ☐ 個人事業を行っていた（事業所得）
- ☐ その年の給与が2000万円を超えていた（給与所得）
- ☐ 年金や給与以外に20万円を超える所得があった
  （例・株式や不動産の売却益）
- ☐ アパートなどの賃貸収入があった（不動産所得）

年の途中で退職して年末調整を受けていなかった、医療費控除が受けられるなど、申告すれば税金の還付が受けられるケースもありますね。

＊給与所得、雑所得、配当所得、一時所得のいずれか→申告書A、
　これら以外の所得がある場合→申告書B。

パート **2**

申告に必要な書類を集める

必要書類とは………………………………………60

戸籍に関する書類……………………………………62

財産に関する書類①不動産…………………………68

財産に関する書類②預貯金…………………………76

財産に関する書類③生命保険金、死亡退職金……80

財産に関する書類④有価証券………………………84

財産に関する書類⑤贈与関連………………………86

財産に関する書類⑥その他…………………………90

債務などに関する書類………………………………92

遺産分割に関する書類①遺言書……………………94

遺産分割に関する書類②遺産分割協議書…………96

必要書類とは
申告書だけでなくさまざまな書類が必要

まとめ 相続税の申告に必要な書類は多岐にわたる。収集には手間と時間がかかるので、計画的に進めていく。

必要な書類を把握する

相続税の申告では、相続税の申告書（申告書の種類→パート４）に相続財産の内容をまとめ、税額を計算・記入して税務署に提出します。土地や配偶者居住権、株式といった特定の財産については、評価額を計算する評価明細書も作成します。いずれも国税庁の様式です。最寄りの税務署で一式をもらえるほか、国税庁のホームページから印刷もできます。

申告書を作成するには、**相続財産の内容をあきらかにでき、評価するための資料をそろえます**。また、相続にかかわる人の氏名や続柄を証明する書類、遺産分割の内容がわかる書類も必要です（添付書類）。

早めに着手しよう

必要になる書類を確認したら、それぞれ入手先、かかる費用、取得にかかる日数などを調べます。戸籍などは、条件によりかかる手間と時間が異なります。書類の一部は、不動産の相続登記や財産の名義変更といった手続きでも必要になるため、必要部数（また原本が必要か、写しやコピーでよいか）も確認します。入手作業は、税理士などに依頼もできます。

財産に関する書類は、亡くなった人が生前に財産リストをつくっていたり、資料などを整理したりしていればスムーズですが、そうでない場合、**自宅などをくまなく探したり、関係各所への問い合わせや調査を行う時間が必要になります**。早めに始めましょう。

> **ひとくちMEMO　住民票は不要？**　各相続人の住民票は申告時の添付書類の１つだったが、現在はマイナンバーカード（コピー）を添付すれば省略できる。

相続税の申告に必要な書類

申告書
国税庁の様式。第1表から第15表までであり、必要なものを使う。

評価明細書
土地や株式など、特定の相続財産がある場合の評価の計算で使う。国税庁の様式あり。

添付書類
申告書の内容を証明するために添付する書類。相続人や相続財産により異なる。

添付書類は大きく3つに分けられる

誰が相続人／被相続人であるかを証明する。

▼

戸籍に関する書類
(→ 62〜67ページ)

税額を計算するために必要。財産評価が正しく行われていることを証明する。

▼

財産・債務に関する書類
(→ 68〜93ページ)

どのように遺産分割が行われたかをあきらかにする。

▼

遺産分割に関する書類
(→ 94〜99ページ)

 マイナンバー関連書類に注意

相続税の申告書には相続人全員のマイナンバーの記載が必要です（被相続人分は不要）。このとき本人確認のため、各相続人のマイナンバーカードのコピー（表と裏）を添付します（またはカードの提示）。

マイナンバーカードがない場合は、代わりに通知カード*のコピーか住民票（個人番号記載のもの）、運転免許証、パスポート、健康保検証など、身元確認書類のコピーを添付します。

＊令和2年5月に廃止されたが、氏名や住所の記載が変わっていなければ、引き続き証明書類として使用できる。

戸籍に関する書類

被相続人の戸籍は出生から死亡まですべてを集める

  戸籍により財産を相続する人（相続人）をあきらかにできる。
戸籍をさかのぼるのは手間と時間がかかるので注意。

相続開始から10日目以降のものを取得する

　戸籍は、家族を１つの単位（夫婦と子）として、出生や結婚、死亡を記録した公的な文書です。法務局で管理されています。**亡くなった人の戸籍をすべて確認することで、すべての相続人をあきらかにできます**（相続人は誰か、被相続人と相続人の関係、隠れた相続人はいないかなど）。**また、相続人としての立場を証明するために、各相続人の戸籍も必要になります。**

　本籍地のある市区町村役場で、最新のもの（相続開始から10日目以降）を取得します。取得の際、すべての写し（謄本）と一部のみの写し（抄本）を選べますが、必ず謄本を取得します。戸籍に代わるものとして、法定相続情報証明制度（→66ページ）を利用して作成した「法定相続情報一覧図」の提出を選ぶこともできます。

戸籍は「さかのぼって」取得する

　亡くなった人の戸籍は、まずその本籍地の市区町村役場で現在の戸籍謄本を取得します。その戸籍をさかのぼり、出生までの戸籍（３つの種類がある→右ページ）を手に入れます（→64ページ）。**各相続人の戸籍謄本は、本人（または代理人）が本籍地の市区町村役場で取得します。**

　相続人が亡くなっていて代襲相続（→24ページ）となる場合や兄弟姉妹が相続人になる場合は、さらなる相続人の有無を確認するため、亡くなっている相続人の誕生〜死亡までの戸籍謄本も必要になります。

> **ひとくちMEMO**　**相続関係説明図（家系図）**　被相続人の相続関係を図にしたもの（法務局の認証などはなし）。相続登記などの際、戸籍とともに提出すれば戸籍が返却される。

戸籍謄本には3つの種類がある

戸籍謄本
（戸籍全部事項証明書）

家族の関係や出生地、生年月日などが記載されている。死亡や離婚、子の婚姻などで戸籍から抜けた場合、斜線により抹消される。

改製原戸籍謄本
（かいせいげんこせき／はら）

戸籍はこれまで何度か改製（作り替え）されている。その改製前の古い戸籍謄本。改製時に抹消された人（除籍者）の確認ができる。

除籍謄本
（じょせき）

戸籍に記載されたすべての人が抹消された戸籍謄本。相続人が最後の除籍者である場合に必要になる。戸籍とは別に保管されている。

注・その他、戸籍に記載された人の住所の移り変わりを記録した「戸籍の附票」がある。

必要書類チェックリスト

	内容	取得先
☐ 亡くなった人の戸籍謄本（写し）	出生から死亡までの連続したもの。改製原戸籍謄本、除籍謄本を含む。	本籍地のある市区町村役場
☐ 相続人全員の戸籍謄本（写し）	亡くなった人と同じ戸籍の人は不要。	本籍地のある市区町村役場
☐ 法定相続情報一覧図（写し）*（→66ページ）	被相続人の相続関係を図にして、法務局の認証を受けたもの。戸籍謄本の代わりとして提出できる。	法務局

＊または相続関係説明図（→ひとくちMEMO）。ただし、戸籍謄本の代わりにはならない。

パート2 申告に必要な書類を集める

「生まれてから亡くなるまで」の戸籍はこう調べる

1 市区町村役場で戸籍を取得する

- 亡くなった人の本籍地のある市区町村役場（現住所と同じとは限らない）。

POINT
本籍地がわからない場合は、住民票の除票などで確認できる。

- 戸籍を取得できるのは、直系血族（親、子など）、配偶者。そのほかの人の場合は委任状が必要。
- 手数料は、戸籍謄本450円／改製原戸籍謄本、除籍謄本750円（1通当たり）。
- 郵送による請求もできる（手数料分の定額小為替、返信用封筒と切手を同封する）。

必要書類等
- ☐ 戸籍交付申請書（市区町村により様式や名称は異なる）
- ☐ 取得する人の印鑑
- ☐ 本人確認書類（運転免許証、パスポート、マイナンバーカードなど）

▼

2 戸籍事項欄（→右ページ）で戸籍の作成日を確認する

- 戸籍の記載内容や戸籍の附票から、前の本籍地を確認する。

▼

3 前の本籍地のある市区町村役場で編製、改製前の戸籍を取得する

- 遠方なら郵便で請求する。

市区町村役場の担当窓口で「相続で戸籍が必要なので、こちらにある○○○○（氏名）のすべての戸籍をお願いします」と伝えればOKです。

▼

4 生まれた日を含む戸籍に至るまで2〜3を繰り返す

- 戸籍の作成日がつながっていることが必要。

戸籍謄本(戸籍全部事項証明書)の見方

	（2の1）	全部事項証明

本　籍 氏　名	東京都渋谷区恵比寿南○丁目○番地 小宮　勘吉
戸籍事項 　戸籍編製 　転　籍	【編製日】平成14年8月○日 【改製事由】平成6年法務省令第51号 　　　　　　附則第2条1項による改製
戸籍に記録 されている者	【名】勘吉 【生年月日】昭和15年9月○日 【配偶者区分】夫 【父】小宮輝夫 【母】小宮ハル 【続柄】長男
身分事項 　出　生	【出生日】昭和15年9月○日 【出生地】千葉県船橋市本町 【届出日】昭和15年9月○日 【届出人】父
婚　姻	【婚姻日】昭和40年7月○日 【配偶者氏名】山野明子 【従前戸籍】千葉県船橋市本町○丁目○○ 　　　　　　小宮輝夫
死　亡	【死亡日】令和○年3月○日 【死亡時分】午前4時15分 【死亡地】東京都千代田区 【届出日】令和○年3月○日 【届出人】親族　小宮明子
戸籍に記録 されている者	【名】明子 【生年月日】昭和19年5月○日 【配偶者区分】妻 【父】山野幸三 【母】山野千代
身分事項 　出　生	【出生日】昭和19年5月○日

発行番号000000　　以下次頁

戸籍の筆頭者
本籍と戸籍の筆頭者の氏名。

戸籍事項欄
編製日（この戸籍がつくられた年月日）、改製日（法令等の改正でつくり変えられた年月日）などが記載されている。

POINT
戸籍事項欄の年月日が亡くなった人の誕生日以前でなければ、その前の戸籍が存在する。

個人欄
筆頭者や配偶者、子について、出生／認知／養子縁組／結婚／離婚／離縁の年月日などが記載されている。

改製原戸籍など古い戸籍は縦書きで様式が異なりますが、記載事項はほぼ共通です。

法定相続情報証明制度を利用する

法定相続情報一覧図をつくる（→右ページ）

法務省ホームページ（「主な法定相続情報一覧図の様式及び記載例」）の様式を使って、パソコンで作成するとつくりやすい（手書きで作成してもよい。鉛筆は不可）。

▼

法務局（登記所）に提出する

法務局で、法定相続情報一覧図の確認・認証が行われる。

必要書類等

- ☐ 法定相続情報一覧図の保管及び交付の申出書
- ☐ 亡くなった人の戸籍謄本や除籍謄本
- ☐ 相続人全員の戸籍謄本（または抄本）
- ☐ 亡くなった人の住民票除票
- ☐ 申出人の氏名・住所を確認できる書類　など

法定相続情報一覧図の保管及び交付の申出書

▼

認証文のついた法定相続情報一覧図（写し）が交付される

1週間〜10日程度で発行される。
原本は法務局で5年間保管される。

POINT
申し出や交付は郵送も可。必要額の切手を貼った返信用封筒を同封する。

法定相続情報一覧図の作成例

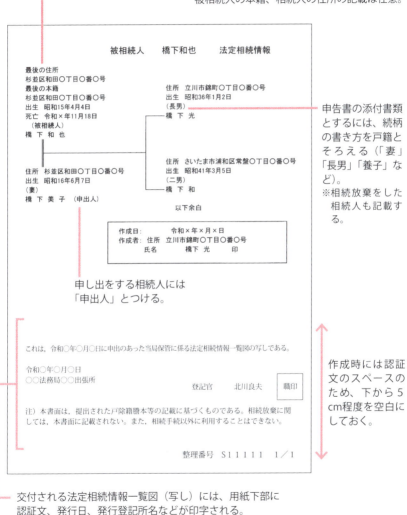

財産に関する書類①不動産

土地と建物の書類は同時に取得する

不動産の必須書類である登記事項証明書は法務局、固定資産評価証明書は市区町村役場などで取得できる。

全国どの法務局でもOK

相続財産に不動産（土地や建物）がある場合、**その所在地や面積などをあきらかにするため、登記簿謄本（登記事項証明書）を取得します**。必要なのは、その不動産の権利関係の推移がすべて記録されている全部事項証明書です。申請により全国どの法務局でも取得できます。法務局の窓口のほか、郵送やオンラインでも取得可能です。申請するのは、その不動産の所有者以外の人でもかまいません。

法務局では、**土地の形状などがわかる公図や地積測量図（→74ページ）、建物については建物図面も取得できます**。これらも評価の資料として重要です。**土地や建物の必要書類は、事前に確認して一度に取得すれば手間を省けます**。

不動産の把握もれを防ぐ

亡くなった人が持っていた不動産を確認するには、まず自宅などで登記識別情報（「権利証（登記済証）」が電子化されたもの）や固定資産税の納税通知書などを探します。市区町村役場や都税事務所で亡くなった人の名寄帳（固定資産課税台帳→75ページ）を取得すれば、その市区町村内で所有している不動産がわかります。

市区町村役場や都税事務所では、**固定資産税評価額の確認のため、土地や建物の固定資産評価証明書（→75ページ）も取得します**（郵送も可）。

> **ひとくちMEMO　路線価図も必要**　宅地は「路線価」または「倍率」により評価額を算定する。そのため、不動産の路線価図や評価倍率表の確認も必要になる（→108ページ）。

必要書類チェックリスト ①

		内容	取得先
☐	登記事項証明書（登記簿謄本）	土地、建物の全部事項証明書を取得する。一部事項証明書、現在事項証明書は×。	法務局
☐	固定資産税課税明細書	年に一度、不動産の所有者に固定資産税の納税通知書とともに送られてくる書類。不動産の内容、地番、家屋番号を確認できる。	手元（亡くなった人の自宅など）
☐	固定資産評価証明書	亡くなった年の固定資産税評価額を確認できる。	市区町村役場、都税事務所（東京23区）
☐	名寄帳（固定資産課税台帳）	亡くなった人の所有する不動産を確認できる。複数の市区町村に不動産がある場合は、市区町村ごとに取得する。	市区町村役場、都税事務所（東京23区）

> 不動産は一般に相続財産の大きな割合を占めます。正しく評価するためにも、資料をしっかり集めます。

次ページへ続く

パート2 申告に必要な書類を集める

必要書類チェックリスト❷

	内容	取得先
☐ 公図、地積測量図（写し）	土地の位置や形状、面積などがわかる。	法務局
☐ 住宅地図	土地の位置や形状、住所などがわかる。ゼンリン地図など。	書店で購入するほか、図書館でコピー、ゼンリン住宅地図プリントサービスによりコンビニのマルチコピー機から出力など
☐ 賃貸借契約書	土地や家を貸している場合に必要。	手元（亡くなった人の自宅など）
☐ 建物図面、各階平面図など	建物の間取りや構造などがわかるもの。	法務局
☐ （あれば）建物の建築計画概要書、建築工事請負契約書など	建物の概要や増改築の有無を確認できるもの。	手元（亡くなった人の自宅など）

登記事項証明書はこんな書類

不動産の所在地や面積、所有者や権利関係をあきらかにする公的な証明書。相続では全部事項証明書*が必要。

*過去の変更履歴を含むすべての登記記録が記載されているもの。その他、現在事項証明書（現在の登記記録のみを記載）、一部事項証明書（指定した特定部分のみを記載）、閉鎖事項証明書（すでに閉鎖された登記記録を記載）がある。

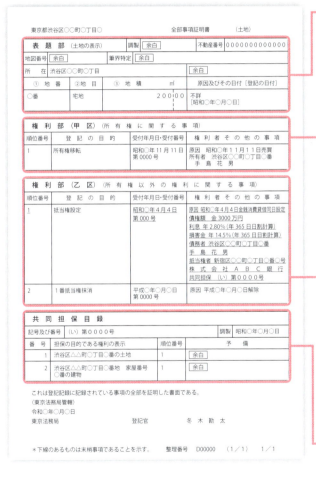

表題部
土地の所在地、地番、地目、地積、登記された日付など、その土地や建物の基本情報が記載されている。

権利部（甲区）
所有権について記載されている。現在に至るまでの所有者がわかる。所有者が複数の場合はその持ち分もわかる。

権利部（乙区）
所有権以外の権利について記載されている。抵当権、根抵当権、賃借権、地上権など。抵当権ならその借入先や借入金額、金利などもわかる。

共同担保目録
複数の不動産を担保にお金を借りている場合などに、その不動産が記載される。

注・記載内容により複数枚になる場合あり。

登記事項証明書を取得する

登記情報提供サービスも利用できる

コンピュータ化されている土地や建物の登記情報、公図、地積測量図、建物図面などをパソコンで取得できる。料金は「全部事項」334円など（クレジットカード決済）。ただし、証明書としては使えない。

法務局（登記所）の窓口

- 交付申請書（→右ページ）に必要事項を記入して提出する。
- 原則として全国のどの法務局（支局や出張所も可）でも取得できる。
- 固定資産税の課税明細書などで、地番、家屋番号を確認しておく。必要書類などはなし。
- 手数料として600円（1通当たり）の収入印紙を購入して貼る。
- 直接窓口に申請するほか、証明書発行請求機も利用できる。

郵送

- 交付請求書は法務局ホームページからダウンロードできる。
- 必要額の切手を貼った返信用封筒を同封する。
- 手数料として600円（1通当たり）の収入印紙を購入して貼る。

オンライン
（登記・供託オンライン申請システム「かんたん証明書請求」）

- 上記ホームページにアクセスする。
- まず申請者情報の登録が必要。次に請求書を作成して送信する。
- 受け取りは法務局の窓口または郵送。
- 手数料（窓口受け取り480円、郵送受け取り500円。1通当たり）は、ネットバンクやペイジー、モバイルバンキングなどで支払う。

登記・供託オンライン申請システムのトップ画面
https://www.touki-kyoutaku-online.moj.go.jp/

ここをクリックする。

···登記事項証明書交付申請書　記入時のポイント···

パート2　申告に必要な書類を集める

「不動産用」を使用する。

不動産用

登記事項証明書
登記簿謄本・抄本　交付申請書
※ 太枠の中に記載してくださ

	住　所					収入印紙欄
	フリガナ 氏　名					収　入 印　紙

※地番・家屋番号は、住居表示番号（〇番〇号）とはちがいますので、注意してください。

種　別 （レ印をつける）	郡・市・区	町・村	丁目・大字・地 字　番	家屋番号 又は所有者	請求 通数
1 □土地					
2 □建物					
3 □土地					
4 □建物					
5 □土地					
6 □建物					
7 □土地					
8 □建物					
9 □財団（□目録付） □船舶 □その他					

収　入 印　紙

（登記印紙も使用可能）

必要額の収入印紙を貼る。

不動産の所在を記入する。土地は「地番」、建物は「家屋番号」（住所ではない）。必要な数を記入する。

POINT
地番、家屋番号は、固定資産税課税明細書、登記済証（不動産の権利証）、登記識別情報通知などで確認できる。

※共同担保目録が必要なときは、以下にも記載してください。
次の共同担保目録を「種別」欄の番号＿＿＿＿番の物件に付ける。
□現に効力を有するもの □全部（抹消を含む）□ (＿) 第＿＿＿号

※該当事項の□にレ印をつけ、所要事項を記載してください。
□ 登記事項証明書・謄本（土地・建物）
　専有部分の登記事項証明書・抄本（マンション名＿＿＿＿＿＿）
　□ただし、現に効力を有する部分のみ（抹消された抵当権などを省略）
□ 一部事項証明書・抄本（次の項目も記載してください。）
　共有者＿＿＿＿＿＿＿＿に関する部分
□ 所有者事項証明書（所有者・共有者の住所・氏名・持分のみ）
　□ 所有者　□ 共有者＿＿＿＿＿＿
□ コンピュータ化に伴う閉鎖登記簿
□ 合筆、滅失などによる閉鎖登記簿・記録（昭和/平成＿＿年＿＿月＿＿日閉鎖）

交付通数	交付枚数	手　数　料	受付・交付年月日

乙号・1）

収入印紙は割印をしないでここに貼ってください。

共同担保目録（→71ページ）の記載が必要な場合にチェックする。

ここをチェックする（全部事項証明書を請求）。

参考　地図・地積測量図等の証明書申請書

証明書のついた公図、地積測量図など（→74ページ）の交付を申請するときに使用する。

地図・各種図面用

地　図 地積測量図等 の 証明書 閲　覧 申請書
※ 太枠の中に記載してくださ

窓口に来られた人 （申　請　人）	住　所					収入印紙欄
	フリガナ 氏　名					収　入 印　紙

※地番・家屋番号は、住居表示番号（〇番〇号）とはちがいますので、注意してください。

種　別 （レ印をつける）	郡・市・区	町・村	丁目・大字・字	地　番	家屋番号	請求 通数
1 □土						収　入

73

公図、地積測量図はこんな書類

公図
土地のおおまかな形状や隣接地との位置関係がわかる。

地積測量図
土地の形状や隣接地との位置関係が正確にわかる。土地によりつくられていない場合もある。

【取得方法】
登記事項証明書と同様、最寄りの法務局で取得する。郵送やオンライン申請も可（→72ページ）。請求は誰でもできる。手数料は1筆、1事件ごとに450円など。

必要書類等
☐ 地図・地積測量図等の証明書申請書

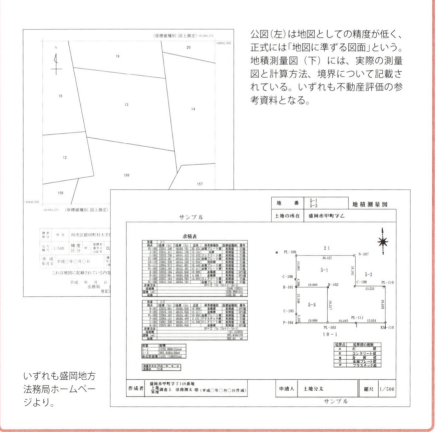

公図（左）は地図としての精度が低く、正式には「地図に準ずる図面」という。地積測量図（下）には、実際の測量図と計算方法、境界について記載されている。いずれも不動産評価の参考資料となる。

いずれも盛岡地方法務局ホームページより。

固定資産評価証明書、名寄帳はこんな書類

固定資産評価証明書

特定の年の固定資産税評価額が明記された文書。申告のほか、不動産の名義変更手続きでも必要になる。

名寄帳

ある人がその市区町村で所有している不動産の一覧表。固定資産課税台帳など、名称は市区町村により異なる場合がある。

【取得方法】

市区町村役場または都税事務所（東京23区）の窓口で取得する。郵送も可。取得できるのは同居の家族や相続人など（それ以外の人は委任状が必要）。手数料は市区町村により異なる。

必要書類等

- 交付申請書（書式は市区町村により異なる）
- 本人確認書類（運転免許証、パスポート、マイナンバーカードなど）
- 亡くなった人の戸籍謄本、交付を受ける人（相続人）の戸籍謄本など

土地、建物それぞれの固定資産税評価額、持ち分割合が記載されている。

固定資産（土地・家屋）評価証明書

証明を必要とする理由

土地 所在等	杉並区○○町○丁目○番○ 登記地目：宅地 現況地目：宅地	地積 登記地積 m² 200.00 現況地積 m² 200.00	令和○年度 価格（円） ¥30,000,000	（区分） 固定資産税 都市計画税	課税標準額（円） ¥0,000,000 ¥0,000,000	******** ******** ********
摘要	課税標準の特例額：¥0,000,000 比準課税標準額：¥0,000,000					
所有者	杉並区○○町○－○－○ 山崎　明					
家屋 所在等	杉並区○○町○丁目○番地○ 家屋番号　0000000000000	床面積 登記床面積 ㎡ 100.00 現況床面積 ㎡ 100.00	令和○年度 価格（円） ¥10,000,000	****** ****** ******	****** ****** ******	****** ****** ******
摘要	種類：居宅 地上：　2階 構造：木造					
所有者	杉並区○○町○－○－○ 山崎　明					

＊＊＊＊＊　以　下　余　白　＊＊＊＊＊

上記のとおり証明します。

※旧元号で表記されている場合でも、文書の効力に影響はありません。

第０１２２８×号
令和　２年○月　４日
東京都　○○　都税事務所長

この証明書の原本には、すかしにより「原本」の表示がしてあります。

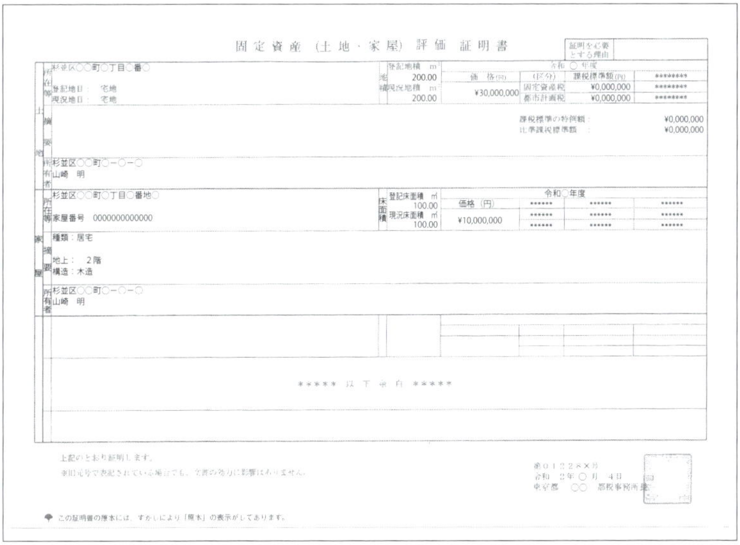

財産に関する書類②預貯金

通帳のない預貯金も見逃さない

 預貯金は金融機関に残高証明書を発行してもらい、正確な金額を把握する。家族名義の預貯金もよく調べてみる。

金融機関の名入りのものはヒントになる

亡くなった人の預貯金は、まず自宅などですべての通帳やキャッシュカードを探します。通帳のないネット銀行などにも注意が必要です。金融機関からの郵便物、パソコンや携帯電話、スマホでの金融機関とのやりとりの履歴、インストールされたアプリなどを調べます。その他、金融機関名の入ったカレンダーやノベルティなども確認して、その金融機関に口座の有無を問い合わせます。

口座を確認できた金融機関には、相続開始日時点の「残高証明書」を発行してもらいます。通帳でも残高の確認はできますが、正確を期すためです。把握していなかった口座が見つかることもあります。残高証明書は相続財産の証明書類の1つとなります。

定期預金については、相続開始日時点の利息計算書(残高証明書に記載されている場合もある)も発行してもらいます。

名義預金に注意する

家族や配偶者名義の預貯金にも注意します。**そのお金の出所が亡くなった人であり、贈与されたものと証明できなければ、相続財産となります。これを名義預金といいます。**

その他、相続開始日時点の現金も確認しておきましょう(→79ページ)。できる限り正確な金額で遺産分割を行うよう心がけます。

> **ひとくちMEMO ほかの財産を見つける材料にも** 通帳などでは過去5〜7年程度の取引をさかのぼってみる。大きな金額の出金の使いみちを確認することで、ほかの財産の有無や贈与を調べられる。

必要書類チェックリスト

	内容	取得先
☐ 残高証明書	相続開始日時点のものが必要。	口座のある金融機関
☐ 被相続人の通帳や定期預金証書	過去5年分程度が必要。できるだけ家族名義のものも確認する。	手元（通帳が残ってない場合は、口座のある金融機関で取引明細を発行してもらう）
☐ 利息計算書	定期預金などは、相続開始日までの利息が相続税の対象になる。	口座のある金融機関

パート2 申告に必要な書類を集める

+α コラム 遺産分割前でも被相続人の口座から払い戻しができる

　相続開始後、被相続人の預貯金口座は凍結され、遺産分割終了まで原則として払い戻しはできません。しかし、当面の生活費や葬儀費用などで一定の現金が必要になることもあるため、以下の金額まで払い戻しが認められます（遺産分割前の相続預金の払い戻し制度）。金融機関に、被相続人の戸籍・除籍謄本、相続人全員の戸籍謄本、払い戻し希望者の印鑑証明書などを添えて請求します。

［払い戻しができる金額］
相続開始時の預金残高× 1/3 ×払い戻しをする相続人の法定相続分

注・1つの金融機関につき150万円が上限。これを超える金額には家庭裁判所への申し立てが必要。

残高証明書はこんな書類

金融機関が発行する、特定の日時点の預金残高などを証明する書類。

【取得方法】

口座のある金融機関の窓口で請求する。取引のある支店のほうが手続きはスムーズ。手数料は 500 〜 1000 円程度（1 通当たり。金融機関により異なる）。金融機関により、発行まで1 〜 2 週間かかる場合もある。

必要書類等

- ☐ 発行依頼書（その金融機関の様式）
- ☐ 口座名義人の通帳やキャッシュカード
- ☐ 亡くなった人の除籍・戸籍謄本[*]
- ☐ 請求する人（相続人）の戸籍謄本[*]
- ☐ 請求する人の実印と印鑑証明書
- ☐ 請求する人の本人確認書類

＊または法定相続情報一覧図。

残高証明書の例

預金残高証明書

被相続人　原田太郎　様
相続人　原田良子　様

種類	金額（円）	摘要
普通預金	4,000,000	
定期預金	8,000,000	令和○年 8 月○日までの税引既経過利息○円（国税○円、地方税○円）

令和○年 8 月○日現在の被相続人御名義の預金残高は、上記に相違ないことを証明いたします。

令和○年 8 月○日

株式会社 ABC 銀行
城東支店

この金額が相続財産としての評価額となる。

定期預金については既経過利息も記載してもらう（または利息計算書を請求する）。

POINT

相続人のうちの1人が請求できる（相続人全員の印鑑や印鑑証明書などは不要）。

現金もきちんと計上する

基本

亡くなった人の遺した現金は、「相続開始時点」でいくらなのか確認する。現金は申告しなくてもわからないだろうという考えは×。できる限り正確な申告を。

1 現金はできるだけ正確に相続財産に計上する

財布の中のお金 ＋ タンス預金 ＋ 貸金庫などの現金

＋ 相続直前に相続人などが引き出したお金 ＝ Ⓐ 相続開始日時点の現金　　　円

2 使途不明金を探ってみる

亡くなった人の通帳の入出金を確認する（過去5～7年。通帳がなければ取引明細を発行してもらう）。大きな金額の出金があれば、その使いみちを確認する（不動産の購入、自宅の増改築、保険や有価証券など各種財産の購入・取得、家族への贈与など）。

生前の出金額 － 生前に使われた金額 ＝ Ⓑ　　　円

Ⓐ　　　円 と Ⓑ　　　円 に

大きな差がある場合、その理由を調べてみる（隠れた財産や贈与の有無など）。

財産に関する書類③ 生命保険金、死亡退職金

相続財産となる保険かどうか1つひとつ確認する

 生命保険は保険金支払通知書や保険証券をすべてチェック、死亡退職金は会社からの書類を確認する。

保険の「権利」も相続財産になる

　生命保険金については保険金支払通知書を確認します。さらに保険証券や通帳の履歴、振込用紙の控えなどを調べることで、亡くなった人にかかわる保険をすべて把握します。

　亡くなった人が被保険者だった生命保険で支払われた保険金（生命保険金）は、みなし相続財産（→30ページ）となります。亡くなった人が保険料を負担していた生命保険で、今回保険金が支払われないもの（生命保険契約の権利）は、相続開始日時点の解約返戻金相当額がみなし相続財産です。**保険会社に解約返戻金のわかる書類を発行してもらいます。契約者や被保険者がほかの家族などであっても、実際に保険料を負担していたのが亡くなった人なら、その保険は相続財産です**（名義保険）。

　なお生命保険金は、契約の形態によってかかる税金が異なります（→82ページ）。保険証券などで相続税の対象かどうか確認します。

相続税の対象かどうか確認

　在職中に亡くなって遺族に支払われた死亡退職金、退職手当金などは、みなし相続財産となります。**勤務先から送られてくる退職金の支払調書が証明書類となります。**

　また、勤務先からの弔慰金や花輪代などは原則非課税ですが、給与の6か月分（業務上の死亡なら3年分）を超えた分は相続税の対象になります。

> **ひとくちMEMO　損害保険の場合**　損害保険のうち、積立式の損害保険契約の解約返戻金などはみなし相続財産となる。保険金の種類によるので、課税されるかどうか保険会社に確認を。

必要書類チェックリスト

	内容	取得先
生命保険金		
☐ 保険金支払通知書 （支払保険料計算書、支払明細書）	保険金の金額や受取人を確認できる。	保険金請求後に保険会社から送られてくる
☐ 保険証券（保険証書）のコピー	契約内容や保険金の支払い条件などを確認できる。	手元 （なければ保険会社に確認）
☐ 解約返戻金がわかる資料 （解約返戻金相当額等証明書など）	今回保険金が支払われない保険がある場合。相続開始日時点の解約返戻金がわかる。	保険会社
死亡退職金		
☐ 退職金の支払調書 （退職手当金等受給者別支払調書）	企業年金の遺族給付金などは、管理している基金や機関から「支払通知書」が送られてくる場合がある。	亡くなった人の勤務先

パート2　申告に必要な書類を集める

まだ支払われていない保険の「権利」も確認が必要なのね。

保険証券はこんな書類

保険加入の際、保険会社から発行される契約形態や保障内容をあきらかにする書類。保険金請求手続きで保険会社に提出する前にコピーをとっておく。

保険証券の例と基本的な項目
※書式は保険会社により異なる。

契約形態
保険契約者、被保険者、受取人等。この形態によりかかる税金が変わる。

保険料
保険料の内訳(主契約、特約)、払い込み方法(月払い、年払いなど)。

契約日、契約期間
終身／定期(その期間)、保険料の払い込み期間など。

保険の内容
主契約と特約の内容、保険金の額。この欄で相続財産となる金額を確認する。

解約返戻金について
解約時の経過年数ごとの金額など。

+α コラム 生命保険金にかかる税金の種類に注意

被保険者が亡くなったときに支払われる生命保険金は、契約の形態によりかかる税金が異なります。

❷のケースで、契約者は子で保険料は父が払っていたという場合は、相続税の対象です。

[契約形態による税金の種類の例]

	契約者 (保険料負担者)	被保険者	受取人	
❶	父	父	子	→ 相続税
❷	子	父	子	→ 所得税
❸	母	父	子	→ 贈与税

退職手当金等受給者別支払調書はこんな書類

死亡退職金が支払われた場合に、
税務申告のため勤務先等から送付される書類。

この金額が相続財産の額となる。ただし、相続人が受け取った場合は「500万円×法定相続人の数」までの金額に相続税はかからない。

死亡年月日が記載される。

POINT
死亡退職金を受け取る人は勤務先の退職金規定などで決まっている。遺産分割協議などで決めることはできない。

+α コラム　生命保険金は相続対策に使える

　生命保険金には「500万円×相続人の数」という非課税枠があるため（→136ページ）、その分相続税を少なくできます。また、受取人を指定しておけば、特定の人に財産を渡せるため遺産分割対策にもなります。さらに相続財産の大半が不動産である場合などには、納税資金にも使えます。
　生命保険を上手に活用すれば、相続対策としておおいに役立てることができるのです。

財産に関する書類④有価証券

証券会社からの連絡などを調べて見落としを防ぐ

 有価証券は、それぞれ残高を確認できる書類を集める。
非上場株式の必要書類は税理士などに相談するとよい。

残高がわかる書類を発行してもらう

　株式、公社債、投資信託などの有価証券は、証券会社などの金融機関からの取引報告書といった書類や郵便物、通帳を探し、パソコンやスマホなどで記録ややりとりを調べます。**取引を確認できた金融機関には、相続開始日時点の残高証明書を発行してもらいます**。発行に必要な書類や手数料は金融機関により異なります。

　取引していた金融機関がわからない場合、証券保管振替機構（「ほふり」→ひとくちMEMO）に加入者情報の開示請求をすることで、口座のある証券会社などを調べられます（登録済加入者情報の取得）。この情報に基づき、その証券会社などに連絡・確認します。

　現物株を所有していた場合は、株式を発行する会社や株主名簿管理人（信託銀行など）に問い合わせて、残高証明書を発行してもらいます。単元未満株式については、配当金の支払通知書などで確認しましょう。

非上場株式は難度が高い

　証券取引所で売買されていない非上場株式には、市場価格がありません。そのため、**会社の規模や資産状況、亡くなった人の株主としての立場など**から評価額を算定することになります。そろえるべき資料は多岐にわたり（→右ページ）、評価には専門的な知識も必要です。できれば相続に強い税理士の助けを借りたほうがよいでしょう。

ひとくちMEMO　**ほふり**　証券保管振替機構の通称。株式や債券などの電子化後、株券などを保管して株式等の取引（口座間の振り替え）を行う組織（https://www.jasdec.com/）。

必要書類チェックリスト

パート2 申告に必要な書類を集める

● 上場株式や投資信託、公社債など

	内容	取得先
☐ **残高証明書**	評価や申告に必要な価格や数量、利率などが記載されたもの。	証券会社など
☐ **配当金などの支払通知書**	配当金などが支払われたときに発行された書類。単元未満株式も確認できる。	手元（亡くなった人の自宅など）

● 非上場株式（主なもの）

	内容	取得先
☐ **過去3期分の税務申告書**（法人税、地方税、消費税）	そのほか、決算書や勘定科目内訳明細書など。	その会社
☐ **定款、株主名簿、従業員数のわかる資料**	株主名簿や従業員数は相続開始日時点のもの。	その会社
☐ **会社の登記事項証明書**	会社の基本的な情報を確認できるもの。	法務局
☐ **会社の資産がわかる資料**	預貯金、不動産（固定資産台帳）、有価証券など	その会社

財産に関する書類⑤贈与関連

贈与税を納めていれば その申告書類をそろえる

 亡くなった人が行った贈与についてよく確認して、それを証明する書類を集めておく。

申告書類で贈与の内容がわかる

相続税の対象となる生前贈与とは、まず相続人（遺贈を受けた人を含む）への相続開始前3年以内の贈与です（→32ページ）。贈与税のかからない110万円以下の贈与も対象になります。

生前贈与を受けた人が贈与税の申告をしていれば、その申告書類の控えが必要です。念のため、亡くなった人にかかわる過去5～7年程度の申告書類をそろえて、贈与の内容を確認します。

相続時精算課税制度（→34ページ）を利用した贈与は、贈与の時期や金額によらずすべて相続財産に加えるため、**相続時精算課税制度を始めた年以降の贈与税の申告書すべてと、最初の年に提出した選択届出書が必要です**（いずれも控え）。

書類は生前から整理しておく

生前贈与は相続税対策として多く活用されます。そのため、相続税の税務調査でも注目されやすいポイントです。贈与の証拠として、現金は銀行振込にして記録を残したり、贈与契約書をつくっておくと安心です（→88ページ）。

贈与税の申告書の控えや贈与契約書は、きちんと整理・保管しておきましょう。贈与を受けた相続人全員の協力が必要です。

なお、贈与税の申告内容については、亡くなった人の住所地を管轄する税務署に開示請求（贈与税の申告内容の開示請求）を行うこともできます。

> **ひとくち MEMO** **父母などからの贈与は税率が有利** 父母や祖父母から20歳以上の子・孫への贈与は、特例税率として税率が緩和される。一般の贈与とは別に計算する（→218ページ）。

必要書類チェックリスト

	内容	取得先
 ☐ 贈与契約書	作成している場合。贈与の証拠となる書類。	手元（亡くなった人の自宅など）
☐ 贈与税の申告書類（控え） 	第一表、計算明細書（相続時精算課税制度、住宅取得等資金の贈与税の特例）、非課税申告書（教育資金一括贈与の非課税特例、結婚・子育て資金一括贈与の非課税特例）の控えなど。	申告した人の手元
 ☐ 相続時精算課税選択届出書（控え）	相続時精算課税制度を利用した場合。	届け出をした人の手元

パート2 申告に必要な書類を集める

申告書は1枚だけとは限りません。たとえば、住宅取得等資金贈与の非課税の特例の適用を受けている場合は、その計算明細書（第1表の2）も作成しているはずです。
申告書は提出したものすべてをそろえましょう。

贈与契約書はこんな書類

贈与が行われた証拠となる書類。
贈与者、受贈者間で交わし、それぞれが保管する。

作成例

※決まった書式はないが、贈与の内容を証明できるように以下のポイントを明確に記載する。

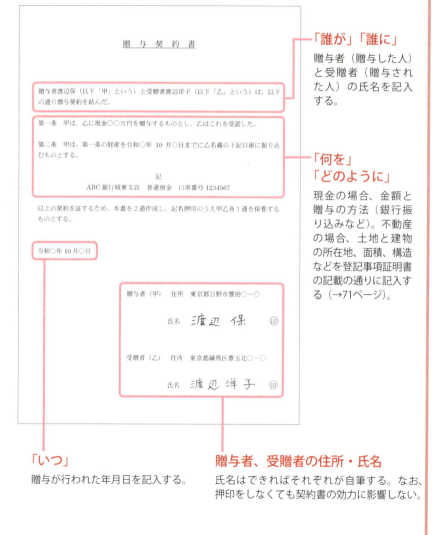

「誰が」「誰に」
贈与者(贈与した人)と受贈者(贈与された人)の氏名を記入する。

「何を」「どのように」
現金の場合、金額と贈与の方法(銀行振り込みなど)。不動産の場合、土地と建物の所在地、面積、構造などを登記事項証明書の記載の通りに記入する(→71ページ)。

「いつ」
贈与が行われた年月日を記入する。

贈与者、受贈者の住所・氏名
氏名はできればそれぞれが自筆する。なお、押印をしなくても契約書の効力に影響しない。

贈与税の申告書、相続時精算課税選択届出書はこんな書類

贈与税の申告をしたときの申告書等の控え。
第一表は2枚目が複写式の控え用になっている。

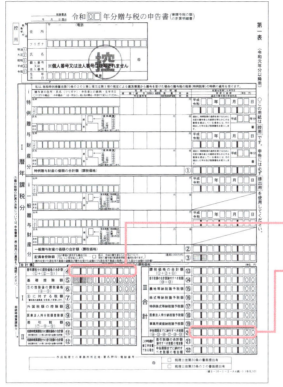

贈与税の申告書・第一表（控え）

- 申告は年110万円超の贈与を受けた人が、贈与の翌年3月15日までに行う。
- 相続税に加算した贈与分の贈与税額は相続財産から差し引ける（→158ページ）。

その年に受けた贈与金額の合計。

その年に申告して納めた贈与税額。

相続時精算課税選択届出書

- 相続時精算課税制度を始めた最初の年に提出する書類。コピーをとっておく。

誰と誰が制度を利用しているのかわかる（特定贈与者／受贈者）。

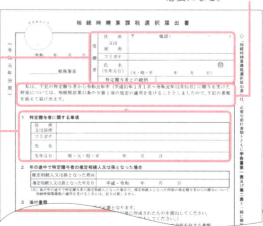

届出書を提出した年以降の贈与は、金額にかかわらず申告が必要になる。

パート2 申告に必要な書類を集める

89

財産に関する書類⑥その他

時価5万円超の財産はリストにする

「お金に換算できるものはすべて相続財産」を念頭に、価値を判断するための資料を集める。

価値を判断できる資料を探す

亡くなった人が所有していたものは、お金に換算できるならすべて相続財産です。自動車やゴルフ会員権、家具、宝石などの貴金属、美術品などの書画・骨董、趣味の道具など、その種類は多岐にわたります。こうした財産を家庭用財産といいます。

家庭用財産も相続財産の一部として正しく評価して、遺産分割や申告を正確に行わなければなりません。そのため、評価の判断材料となるような資料をよく探して整理しておきましょう。

「5万円」を基準にまとめる

家庭用財産の評価は、基本的に「相続開始日時点で売った場合いくらで売れるか」で考えます。ただし、1個（1組）の時価が5万円以下の家庭用財産は、「家財一式」などとして一括で評価してかまいません。資料の収集もそう神経質になる必要はありません。5万円を超えそうな財産は個別に評価して、リストにまとめておきましょう。

亡くなった人が収集していた趣味のものなどは、価値を判断できる専門家に相談します。購入時の領収書や説明書などがあると役立ちます。

その他、**個人で事業を行っていた場合には、その事業で使っていた機械や道具、商品なども相続財産です（事業用財産）。**決算書類や帳簿など、評価のための資料をそろえます。

> **ひとくちMEMO　過去の確定申告書もチェック**　亡くなった人が確定申告をしていた場合、その申告書の控えから財産にかかわる情報が見つかることがある（保険や有価証券の有無など）。

必要書類チェックリスト

財産の種類		取得先
自動車	 ☐ 自動車検査証	手元（車の中など。見つからなければ運輸支局などに問い合わせ）
ゴルフ会員権	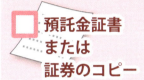 ☐ 預託金証書または証券のコピー	手元（亡くなった人の自宅など）
貴金属	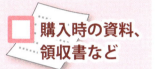 ☐ 購入時の資料、領収書など	手元（亡くなった人の自宅など）
書画・骨董	 ☐ 遺産相続評価書、購入時の資料など	手元（亡くなった人の自宅など）
個人事業関連	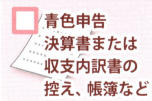 ☐ 青色申告決算書または収支内訳書の控え、帳簿など	手元（亡くなった人の自宅、事務所など）

※その他、老人ホームの預け金、亡くなった後に支給された給与や賞与、各種給付金など、亡くなった後に遺族が受け取った被相続人に関するお金は、領収書や通知書などをきちんと保管しておく。

パート2　申告に必要な書類を集める

債務などに関する書類

債務などは証明書類をそろえて相続財産から差し引く

プラスの財産だけでなく、借金などマイナスの財産の資料も重要。
葬儀費用は書類やメモをきちんと保管しておく。

マイナスの財産はすみやかに把握する

　借金などの債務（マイナスの財産）も相続財産の一部です。マイナスの財産が多ければ、相続放棄や限定承認（→44ページ）などの検討も必要になるため、すみやかに全容をあきらかにしなければなりません。
　金銭消費貸借契約書や借用証書など、債務に関する書類を探します。通帳の記録や郵便物なども確認しましょう。残っているローンなどは、金融機関に残高証明書（→78ページ）を発行してもらいます。
　亡くなった人が個人事業者だった場合は、事業上の債務や未払い金のほか、税金や社会保険料の未払い分も確認します（契約書、支払明細など）。
　その他、亡くなった後に相続人が支払った入院費用、亡くなった年のまだ納めていない固定資産税、住民税などもマイナスの財産です。賃貸住宅があれば、敷金や保証金など返還しなければならない金額も確認します。**すべて領収書や納付書など、支払い内容・金額がわかる書類をそろえます。**

領収書やメモなどを整理しておく

　亡くなった人の葬儀費用は、相続財産の金額から差し引くことができます（差し引ける範囲に注意→右ページ）。請求書や領収書などはなくさないよう保管しておきましょう。
　お布施や読経料など領収書のないものは、日付や金額、支払い内容などをメモにして残しておきます。

ひとくちMEMO　貸付金への対応　亡くなった人が第三者に貸しているお金や物などは相続財産になる。金銭消費貸借契約書や借用証書などを探して、債務者への対応を検討する。

必要書類チェックリスト

		内容	取得先
☐	金銭消費貸借契約書や借用証書	金融機関や貸主との間で交わした契約書類。借入金額や返済条件を確認できる。	手元（亡くなった人の自宅など）
☐	借入金の残高証明書、返済予定表	ローンなどの残高を確認できる。	金融機関など
☐	確定申告書の控え、固定資産税や社会保険料の納税通知書、支払いの領収書など	相続財産から差し引ける税金、社会保険料などを確認できる。	手元（亡くなった人の自宅など）
☐	医療費の請求書や領収書	亡くなった後に相続人が支払った金額や、医療費の未払い分を確認できる。	手元（亡くなった人の自宅など）
☐	賃貸借契約書	預かっている敷金や保証金を確認する（債務となる）。	手元（亡くなった人の自宅など）
☐	葬儀費用の領収書や請求書のコピー	相続財産から差し引ける（墓石や仏壇の購入費用、後日行う初七日や法事の費用、香典返しは含まない）。お布施など領収書のないものはメモを残す。	手元（亡くなった人の自宅など）

パート2　申告に必要な書類を集める

遺産分割に関する書類①遺言書

遺言書の種類によって扱い方は異なる

 遺言書があれば、遺産分割は原則としてその内容にしたがう。まずはその有無の確認が必須となる。

相続は遺言書を探すことから

遺言書がある場合、原則としてその内容にしたがって遺産分割を行います。**そのため相続が始まったときには、まず自宅などで遺言書をよく探すことが必要です**（遺言書の有無などは、できれば生前に確認しておく）。複数の遺言書が見つかった場合、作成の日付が新しいほうが有効です。

検認のため家庭裁判所へ

見つかった遺言書はその種類を確認します（→52ページ）。公証役場で作成した公正証書遺言（表書きに「遺言公正証書」と明記されている）なら、相続人が中身を確認して相続の手続きを始めます（相続財産の評価、相続税の申告、財産の登記、名義変更など）。

それ以外の遺言書なら開封せず、亡くなった人の住所地を管轄する家庭裁判所で検認を受けます（→右ページ）。検認後は検認済証明書が発行されます。検認済証明書は申告時の添付書類となります。

遺言書が見つからない場合、公正証書遺言、秘密証書遺言なら、公証役場に照会して遺言書の有無を調べられます（遺言書検索システム）。照会できるのは相続人（または代理人）です。

自筆証書遺言も保管制度（→97ページ）を利用している可能性があるので、法務局（遺言書保管所）に保管の有無を確認します（「遺言書保管事実証明書」の交付請求）。

> **ひとくちMEMO　遺言執行者が指定されていることも**　遺言執行人とは、相続人を代表して遺言内容を実現する実務を行う人。遺言書で指定されている場合がある。相続人ではなく専門家であることも。

必要書類チェックリスト

	内容	取得先
☐ 遺言書のコピー	自筆証書遺言 （＋検認済証明書）	手元 （家庭裁判所で検認を受ける）
	公正証書遺言	自宅または公証役場
	秘密証書遺言 （＋検証済証明書）	手元 （家庭裁判所で検認を受ける）

検認手続きの流れを押さえる

家庭裁判所に検認の申し立てを行う
・後日、相続人に検認を行う日が通知される。

必要書類等
- ☐ 検認の申立書1通＊
  ＊家事審判申立書の事件名の欄に「遺言書の検認」と書いて使用。手数料として800円分の収入印紙を貼る）。
- ☐ 遺言した人の除籍・戸籍謄本（出生時から死亡時まですべて）
- ☐ 申立人、相続人全員の戸籍謄本

 2週間〜1か月後

家庭裁判所で遺言書の検認が行われる
・相続人の立ち会いのもとで遺言書を開封、被相続人が書いたものか確認する。
・立ち会いに出席するかどうかは各相続人の判断でよい。

検認済証明書の交付を受ける
・交付を受けるには申請が必要。

遺産分割に関する書類②遺産分割協議書

相続人全員の署名・押印、印鑑証明書が必要になる

 遺産分割協議書は申告書に添付することで、遺産分割の内容をあきらかにする資料となる。

遺産分割協議書をつくっておく

遺産分割協議書は、遺産分割協議で相続人たちが話し合って遺産分割の内容を決めた後、それを文書にしたものです。

決まった書式などはありませんが、**誰がどの財産をどのようにどれだけ相続したかがはっきりわかること、相続人全員の合意が明確になっていること（相続人全員が実印を押印して印鑑証明書を添付する）**が必要です。

遺産分割協議書の作成は義務ではありませんが、申告時の添付書類となるだけでなく、相続財産の名義変更の手続きなどでも必要になるため、作成したほうがよいでしょう。

相続放棄（→44ページ）をした相続人がいる、遺産分割協議で代理人などを立てた相続人がいるといった場合は、その証明書類も必要です。

遺産分割が間に合わないときの届け出がある

遺産分割協議がスムーズに進まず、申告期限に間に合わないという場合は、いったん法定相続分（→38ページ）で税額を計算して申告しなければなりません。この場合、配偶者の税額軽減や小規模宅地等の特例などは受けられません。

ただし、**申告書とともに「申告期限後3年以内の分割見込書」を提出して**おけば、後日実際の分割内容による更正の請求（→204ページ）を行う際に、これらの控除や特例の適用を受けられます。

> **ひとくち MEMO** **エンディングノートに法的効力はなし** 葬儀や供養に関する希望、家族への思いを記したエンディングノートに財産に関する内容があっても、遺言書ではないため法的な効力はない。

96

必要書類チェックリスト

	内容	取得先
☐ 遺産分割協議書	協議が終了した後に作成する。	—
☐ 相続放棄の申述受理の証明書	相続放棄をした相続人がいる場合。	家庭裁判所
☐ 代理人に関する証明書類	特別代理人の選任の審判の証明書、成年後見登記事項証明書など。	家庭裁判所または法務局
☐ 相続人全員の印鑑証明書（原本）	それぞれの相続人が取得する。	それぞれの市区町村役場

パート2 申告に必要な書類を集める

+α コラム　自筆証書遺言に「保管制度」がつくられた

　相続法改正の1つとして、自筆証書遺言で、法務局による保管制度がつくられました。作成した遺言書（自筆証書遺言）の原本を、申請により法務局（遺言書保管所）に預かってもらえるものです。相続開始後は、相続人等の請求により閲覧や写しの交付が受けられます。

　この制度の利用により、自筆証書遺言の欠点である遺言書の紛失や改ざんを防ぐことができます。

遺産分割協議書の作成ポイント

話し合いの結果を誰にでもわかるように正確に記載しましょう。
作成後は、相続人全員で大切に保管します。

遺産分割協議書

令和○年4月○日に死亡した、被相続人・池田哲夫の相続人である池田美香、池田祐太、池田良彦は、分割協議の結果、次の通り相続財産を分割、取得することを決定した。

記

1　相続人・池田美香は、以下の財産を取得する。
　（土地）
　　所　在　　東京都世田谷区弦巻○丁目
　　地　番　　○番○○
　　地　目　　宅地
　　地　積　　200.45 平方メートル
　（建物）
　　所　在　　東京都世田谷区弦巻○丁目○番地
　　家屋番号　○番○○
　　種　類　　居宅
　　構　造　　木造スレート葺2階建
　　床面積　・1階　80.00 平方メートル　　2階　55.00 平方メートル

2　相続人・池田祐太は、以下の財産を取得する。
　　預貯金　ABC銀行　世田谷支店　普通預金　口座 1111111　2,000,000 円

3　相続人・池田良彦は、上記1、2に記載以外の被相続人の全ての遺産を取得する。
　　また後日判明した遺産については、相続人・池田良彦がこれを取得する。

以上の通り、相続人全員による遺産分割協議が成立したので、これを証明するために本協議書を3通作成し、それぞれに各自署名・押印して、各1通ずつ保管するものとする。

令和○年10月○日

　　　　　相続人　住所　東京都世田谷区弦巻○丁目○番○○号
　　　　　　　　　　　　池田　美香　㊞

　　　　　相続人　住所　東京都三鷹市下連雀○丁目○番○号
　　　　　　　　　　　　池田　祐太　㊞

　　　　　相続人　住所　愛知県豊橋市羽根木町○丁目○番○号
　　　　　　　　　　　　池田　良彦　㊞

> **ここが大切！**
> - パソコンでも手書きでもかまわない。
> - 相続人全員が自筆で署名、実印で押印する。
> - 複数枚になるときは、相続人全員がそれぞれに契印（文書の境目に割り印）をする。枚数が多くなるときは、製本して製本テープと本紙の境目に割り印をする（下のイラスト参照）。
> - 相続人の人数分を作成する。

表題
「遺産分割協議書」とする。

前文
亡くなった人（被相続人）の氏名や、相続人全員の氏名（遺産分割協議の参加者）をあきらかにする。

本文
財産ごとに、その内容と取得者・分割方法を箇条書きで列記する。
財産の後に債務を記載する。

不動産…土地と建物に分けて、所在、地番、地目、地積、家屋番号、構造、床面積などを記載する。
株式や公社債など…銘柄、証券番号、残高・保有数、金融機関名（支店名）を記載する。
預貯金、家財など…その財産を特定できるよう具体的な記載にする。

POINT 登記事項証明書の表記の通りに記載する。

記載もれや、協議後に新たな財産が見つかった場合に対応できる一文を入れておく。

末文
遺産分割協議が成立した旨、遺産分割協議書の作成部数を記載する。
遺産分割協議が成立した年月日を記載する。○月吉日などの表記は避ける。

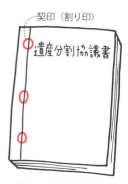

製本した遺産分割協議書

署名・押印
相続人全員が署名し、実印により押印する。
財産を相続しなかった相続人の分も必要（相続放棄した人を除く）。

相続税もっとわかるコラム

手続きをほかの人に頼むなら
委任状が必要

　戸籍謄本の取得、遺言書の検認、預貯金口座の名義変更、相続税の申告、不動産の相続登記など相続に関する手続きは、原則として本人が行いますが、病気や多忙、遠方などでほかの人に頼む場合には「委任状」が必要です。委任する相手は、一定の親族のほか、税理士や弁護士、司法書士などの専門家です。

　基本的に下図のような項目を入れて作成しますが、手続きによって書式が決まっていたり、必要な項目が異なっていたりする場合もあるので、事前に手続き先に確認しておきましょう。

一般的な委任状の例（戸籍謄本、住民票の取得）

委任状

令和×年5月11日

代理人
住所　東京都足立区中央本町○丁目○番○号
氏名　土山　忠夫
電話番号　03-0000-0000

私は、上記の者を代理人と定め、
下記の権限を委任する。

委任事項
相続手続きのため、土山大介の出生から死亡までの戸籍謄本及び住民票の請求及び受領の権限。

委任者
住所　東京都北区赤羽南○丁目○番○号
氏名　土山　正　　印
電話番号　03-0000-0000

作成年月日

代理人
戸籍謄本、住民票の取得の場合、被相続人の配偶者、直系血族（祖父母、父母、子など）なら委任状不要。

委任事項
委任する手続きの内容。できるだけ具体的に記載する。
注・不動産の相続登記の委任状では、その不動産について登記事項証明書の通りに記載する。

委任者
委任する人の住所、氏名、電話番号。署名・押印の要不要は、手続きの内容や市区町村などにより異なる。

パート3

財産の評価をする

財産評価とは	102
土地の評価の基本	104
宅地の評価方法	106
路線価方式	108
画地補正率	110
貸している土地の評価	122
建物の評価	126
配偶者居住権の評価	128
駐車場の評価	130
小規模宅地等の特例	132
生命保険の評価	136
有価証券の評価①上場株式	138
有価証券の評価②非上場株式	140
有価証券の評価③公社債など	144
事業用財産の評価	146
個人版事業承継税制	148
その他の財産の評価	150

財産評価とは
財産評価は時価が基本。ただし土地に要注意

 相続した財産はその価値を「評価」してお金に換算する。
評価によって相続税の金額も変わる。

難しいのは不動産の評価

　相続税を正しく計算して公平な遺産分割を行うためには、相続財産の価値を正しく見積もる必要があります。そこで1つひとつ「お金にするといくらか」という評価を行います。**亡くなった日（相続開始日）時点の時価が原則ですが、その財産の種類によって評価の方法が異なる場合があります**。相続財産の評価の考え方の基準は、国税庁の「財産評価基本通達」*にまとめられています。この章ではこの通達の考え方に基づき、代表的な相続財産の評価の考え方を解説します。

　一般に難しいのは不動産（特に土地）の評価です。面積だけでなく土地の形や立地により価値が大きく異なり、利用のしかたや権利関係などの条件も考慮しなければならないためです。

　評価額が低ければかかる税金は少なくすみます。そのため、できるだけ評価額を下げる工夫も大切です。なお、生前からの対策がより効果的です。

 財産目録をつくっておくとよい

　相続財産を調べてその評価をするにあたっては、まず財産目録をつくっておくとよいでしょう。どこにどんな財産があるのか一覧でき、遺産分割協議も進めやすくなります。もれなどを防ぐこともできます。

　大きくプラスの財産とマイナスの財産（負債など）に分け、「不動産」「有価証券」「預貯金」といった種類ごとにまとめるなど、見やすさ、わかりやすさを心がけます（152ページの財産評価書き込みシートを参考）。

*財産の種類ごとに、相続税や贈与税計算時の評価基準をまとめたもの。国税庁のホームページから見ることができる。

財産の種類による主な評価額の計算（基本）

財産の種類	評価額の計算（代表的な方法）		解説ページ
所有している不動産（自宅など）	土地（自用地）	路線価×宅地面積　公示地価の80%程度	▶ 104～121ページ
	建物（自用家屋）	固定資産税評価額×1.0　建築費の50～70%程度	▶ 126ページ
貸している不動産	宅地（貸宅地）	評価額（自用地）×（1－借地権割合）	▶ 122ページ
	建物（貸家）	固定資産税評価額×（1－借家権割合）	▶ 126ページ
生命保険金	保険金の額－非課税枠（500万円×相続人の数）		▶ 136ページ
有価証券（上場株式、公社債、投資信託など）	相続開始日時点の時価など×数量・非上場株式はその会社の規模や相続人との関係性から評価する。		▶ 138、144ページ　▶ 140～143ページ
預貯金（現金）	相続開始日時点の預入残高		▶ 150ページ
事業用財産	財産の種類ごとに計算する		▶ 146ページ
その他の財産	原則として相続開始日時点の時価		▶ 150ページ
生前贈与財産*	贈与時の価格		▶ 32ページ

※生前贈与財産とは、相続開始前3年以内の贈与および相続時精算課税制度による贈与。

パート3　財産の評価をする

土地の評価の基本

「地目」ごとに「画地」で分けて評価する

 土地の評価額は、その立地や利用のしかたによって変わる。
地目の種類と画地の考え方を理解する。

まず地目に注目する

　不動産は土地と建物を分けて評価します。**土地の評価は、国税庁の分類による9つの地目ごとに行います**（下表）。地目は登記簿（登記地目）や固定資産評価証明書（課税地目）に記載されていますが、**相続開始日時点の使用状況による地目を優先します**（現況地目）。

　不動産の相続で代表的な地目は「宅地」でしょう。なお、賃貸マンション（宅地）とその駐車場（雑種地）など、地目は違ってもその土地を一体で利用している場合は、主となるほうの地目で評価します。

　同じ地目の一続きの土地であっても、利用者やその権利の状態が異なる場合は区別して評価します。**この評価の単位を画地といいます**（右ページの例）。

　土地の単位には登記簿上の地番がありますが（1筆、2筆〜）、相続税の評価単位とはなりません。地番では2つに分かれる土地でも、そこに1棟の建物を建てているような場合は、1つの画地と考えます。

相続税評価の地目一覧

地目	内容	地目	内容
宅地	建物が建っている土地	牧場	家畜を放牧している土地
田	水を利用する農地	池沼	水の貯留池（灌漑用水以外）
畑	水を利用しない農地	鉱泉地	鉱泉や温泉の湧出口など
山林	木や竹が生育している土地*	雑種地	いずれにも当てはまらない土地（駐車場、資材置き場など）
原野	雑草などが生育している土地*		

＊耕作によらないもの。

宅地の評価は画地ごとに行う（例）

A 所有する1つの宅地（1筆）に自宅と自分の店舗がある場合

▶ いずれも自ら利用する土地（自用地）のため、1つの画地として評価する。

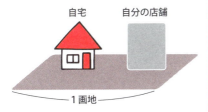

B 所有する1つの宅地に自宅と賃貸アパートがある

▶ 自用地と他人の権利がある部分を分けて、別の画地として評価する。

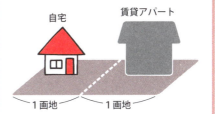

C 所有する1つの宅地に自宅と子の自宅がある（土地は使用貸借→122ページ）

▶ 使用貸借は評価の対象外であるため、全体を1つの画地として評価する。

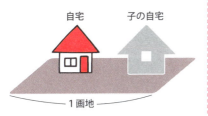

D 所有する1つの宅地に建てた貸家を2人の人に貸している

▶ それぞれ異なる人の借家権があるため、別の画地として評価する。

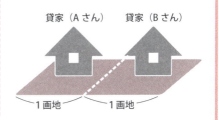

パート3　財産の評価をする

宅地の評価方法

2つの計算方法があり土地ごとに決まっている

宅地の評価方法は、倍率方式と路線価方式のどちらか。
1㎡当たりの価格に土地の面積を掛けて計算する。

土地の価格は国税庁が年に一度公表する

　宅地の評価方法には、倍率方式と路線価方式の2つがあります。いずれも国税庁が年に一度公表する価格を基準とする評価方法です。**倍率方式は、その土地の固定資産税評価額に地域ごとに定められた「倍率」を掛けて評価額を計算する方法です。路線価方式は、その土地が接する道路ごとにつけられた「路線価」をもとに評価額を計算します。**

　路線価は主に市街地につけられています。路線価のない土地を倍率方式で評価します。倍率や路線価は、国税庁の「財産評価基準書 路線価図・評価倍率表」で調べられます。

　倍率方式で使う固定資産税評価額とは、市区町村（東京23区は都）が固定資産税などを課税する際に、その土地や建物を評価した価格です。市区町村役場（または都税事務所）で取得する、固定資産評価証明書で確認できます（→75ページ）。

　路線価方式による評価については、次のページから解説します。

 土地の価格は1つではない

　土地には、同じ土地でも複数の価格がついています。国や自治体などが、その目的によって異なる評価、価格設定を行うためです。
　代表的なものに、時価（実勢価格）、公示地価（基準地価）、路線価、固定資産税評価額の4つがあります。路線価は公示地価の80％程度、固定資産税評価額は公示地価の70％程度など価格には相関関係があるため、ほかの価格からおおよその価格をつかむこともできます。

倍率方式、路線価方式のどちらかで評価する

市街地にある宅地　→　**路線価方式**

市街地から離れた宅地　→　**倍率方式**

このように確認する

国税庁「財産評価基準書 路線価図・評価倍率表（https://www.rosenka.nta.go.jp/）」で、宅地のある都道府県をクリック→「評価倍率表（一般の土地等用）」をクリック→宅地のある市区町村をクリック→倍率表の「固定資産税評価額に乗ずる倍率等」欄が数字なら倍率方式、「路線」とあれば路線価方式。

倍率方式による評価額の計算

固定資産税評価額 □ 円 × 倍率 □ ＝ 評価額 □ 円

倍率表の例

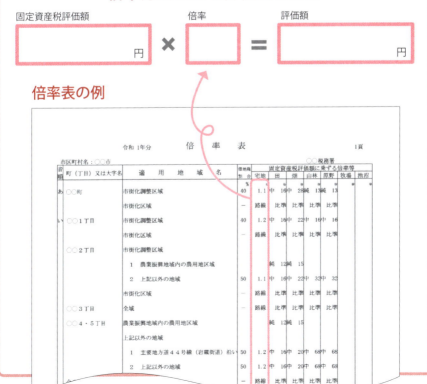

パート3　財産の評価をする

107

路線価方式

都市部の宅地の多くには「路線価」がついている

まとめ 市街地の多くは路線価方式で計算する。
路線価は相続税や贈与税の計算で使われる土地の価格。

接する道路ごとに価格がつけられる

　路線価方式は、主に市街地にある土地を評価する方法です。評価額は道路ごとにつけられた1㎡当たりの路線価に、宅地面積（地積）を掛けて計算します。**一般に、公示地価または実勢価格（実際に売却したときの金額）の80％程度となります。**

路線価はこう確認する

　路線価は、国税庁が毎年7月に発表する路線価図で確認できます。国税庁ホームページのほか、国税局や税務署の端末でも見られます（「財産評価基準書路線価図・評価倍率表→106ページ）。

　路線価図で相続する土地の路線価を確認するには、上記の路線価図・評価倍率表で都道府県や市区町村名から地図を絞り込み、相続する土地が掲載されている路線価図を見つけます。土地に接している道路上の数字が路線価です（単位は千円。たとえば350とあれば35万円）。数字の後についているアルファベットは借地権割合（→右ページ）です。土地の権利が所有権なら使いません。

　2つ以上の道路に接している場合は、高いほうの路線価を採用します（正面路線価）。それ以外は側方路線価、裏面路線価として、評価額の調整に使います。

　路線価は、その土地の形や道路との接し方などによっても、価格の調整が必要になります（画地補正率→110ページ〜）。

ひとくちMEMO　**地積**　不動産登記簿に記載されている土地の面積。実際に計測した面積（実測面積）とは異なる場合もあるので注意が必要（実測面積を優先する）。

路線価図の例と計算

路線価図の例

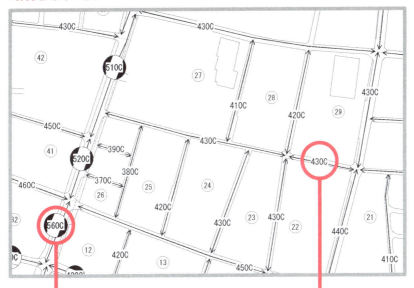

- 金額が○や□で囲まれている場合、特定の地区区分（ビル街地区、商業地区など）を表す。囲まれていない場合は普通住宅地区。地区区分により画地補正率は異なる。
- 地区区分記号の黒塗りや斜線は、路線価の適用範囲を示す（道路沿いのみ、道路の片側のみなど）。

- 数字は1㎡当たりの路線価（千円単位）。金額の後のA～Gは借地権割合を表す（下表）。

A = 90%	**E** = 50%
B = 80%	**F** = 40%
C = 70%	**G** = 30%
D = 60%	

路線価方式による評価額の計算

路線価 □円 × 宅地面積 □㎡ = 評価額 □円

例 400Cに接した土地の路線価は1㎡当たり40万円（借地権の場合は×70％）。
さらに、土地の形状などによる画地補正率で調整する（→110ページ）。

画地補正率

土地の形や使われ方で路線価を調整する

まとめ 路線価は、土地の形や条件による画地補正率で調整して評価額とする。

土地の長所や短所を反映する

　路線価は道路ごとにつけられた価格ですが、接している道路は同じでも土地の大きさや形などはさまざまです。土地の形や条件が違うと利用しやすさなどが異なり、土地の価値にも影響します。そのため、**土地はどのような形か、どのように道路に接しているかなどにより、路線価を調整して評価します。この調整に使われるのが画地補正率**です。

　画地補正率には、さまざまな種類が設けられています。土地の奥行の長さに応じて調整を行う奥行価格補正率、接する道路が2つ以上の場合に調整を行う側方路線影響加算率、二方路線影響加算率、土地の形がいびつである場合に調整を行う不整形地補正率などです。

評価額が上がる場合と下がる場合がある

　路線価の調整によって、評価額は上がる場合と下がる場合があります。たとえば奥行が長すぎたり、間口（道路と接する部分）が狭すぎたりすると利用が制限されるため、評価額は下がります。反対に角地や2つ以上の道路に接している土地は利用の幅が広いため、評価額は上がります。

　複数の画地補正率が当てはまる場合は、それぞれの補正率を順に掛けて計算します。

　倍率方式では、固定資産税評価額自体がこうした調整を行った金額となっているため、補正は不要です。

ひとくちMEMO **旗竿地（はたざおち）** 宅地スペースと道路が細い通路でつながっている土地。竿に旗がついたような形に見えることから。不整形地（→118ページ）の1つとして評価は下がる。

画地補正の要不要を確認

道路に対して、土地の奥行が短いか長い

[奥行価格補正率で補正 （補正率 0.8 〜 1.0。評価額は下がる→ 112 ページ）]

2つ以上の道路に接している

● 角地などの場合

[側方路線影響加算率で補正 （加算率 0.01 〜 0.1。評価額は上がる→ 114 ページ）]

● 2つ以上の道路にはさまれている場合

[二方路線影響加算率で補正 （加算率 0.02 〜 0.07。評価額は上がる→ 115 ページ）]

間口（道路に接する部分）が狭い

[間口狭小補正率で補正 （補正率 0.8 〜 1.0。評価額は下がる→ 116 ページ）]

間口にくらべて奥行が長すぎる

[奥行長大補正率で補正 （補正率 0.9 〜 1.0。評価額は下がる→ 117 ページ）]

土地の形がいびつ

[不整形地補正率で補正 （補正率 0.6 〜 1.0。評価額は下がる→ 118 ページ）]

注・その他、規模格差補正率（面積の大きな土地）、無道路地補正率（道路に接していない場合）、がけ地補正率（がけ地にある土地）などもある。

パート3　財産の評価をする

1つの道路に対する宅地の評価（奥行価格補正率）

その宅地が接している道路に対して、奥行が一定以上に長い／短い場合、奥行価格補正率により路線価を補正します（評価額は下がる）。補正率は地区区分によっても変わります（右ページ図）。なお測る場所で奥行が異なる場合は、平均した奥行距離で計算します。

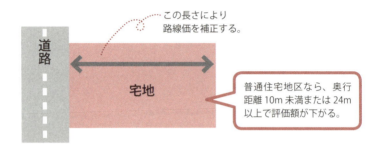

[評価額の計算]

[計算例]

【条件】宅地面積80㎡（10m×8m）、普通住宅地区。路線価30万円、奥行価格補正率は0.97。

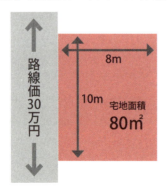

30万円 × 0.97 × 80㎡
= 2328万円（評価額）

奥行価格補正率表

（平成 30 年分以降用）

地区区分 / 奥行距離	ビル街地区	高度商業地区	繁華街地区	普通商業・併用住宅地区	普通住宅地区	中小工場地区	大工場地区
4m 未満	0.80	0.90	0.90	0.90	0.90	0.85	0.85
4m 以上 6m 未満		0.92	0.92	0.92	0.92	0.90	0.90
6m 以上 8m 未満	0.84	0.94	0.95	0.95	0.95	0.93	0.93
8m 以上 10m 未満	0.88	0.96	0.97	0.97	0.97	0.95	0.95
10m 以上 12m 未満	0.90	0.98	0.99	0.99		0.96	0.96
12m 以上 14m 未満	0.91	0.99				0.97	0.97
14m 以上 16m 未満	0.92				1.00	0.98	0.98
16m 以上 20m 未満	0.93		1.00			0.99	0.99
20m 以上 24m 未満	0.94			1.00			
24m 以上 28m 未満	0.95				0.97		
28m 以上 32m 未満	0.96	1.00	0.98		0.95		
32m 以上 36m 未満	0.97		0.96	0.97	0.93		
36m 以上 40m 未満	0.98		0.94	0.95	0.92		
40m 以上 44m 未満	0.99		0.92	0.93	0.91	1.00	
44m 以上 48m 未満			0.90	0.91	0.90		
48m 以上 52m 未満		0.99	0.88	0.89	0.89		
52m 以上 56m 未満		0.98	0.87	0.88	0.88		
56m 以上 60m 未満		0.97	0.86	0.87	0.87		
60m 以上 64m 未満		0.96	0.85	0.86	0.86	0.99	1.00
64m 以上 68m 未満	1.00	0.95	0.84	0.85	0.85	0.98	
68m 以上 72m 未満		0.94	0.83	0.84	0.84	0.97	
72m 以上 76m 未満		0.93	0.82	0.83	0.83	0.96	
76m 以上 80m 未満		0.92	0.81	0.82			
80m 以上 84m 未満		0.90		0.81	0.82	0.93	
84m 以上 88m 未満		0.88					
88m 以上 92m 未満		0.86	0.80				
92m 以上 96m 未満	0.99	0.84		0.80	0.81	0.90	
96m 以上 100m 未満	0.97	0.82					
100m 以上	0.95	0.80			0.80		

角地にある宅地の評価（側方路線影響加算率）

2つの道路に接した宅地は、それぞれの路線価（奥行価格補正率で補正後）のうち、高いほうを「正面路線価」とします。角地、準角地の場合、この正面路線価に「もう一方の路線価（側方路線価）×側方路線影響加算率」を加えます（評価額は上がる）。

※3つ以上の道路に接している場合は、2つ目以降の路線価を側方または裏面路線価として、側方または裏面路線影響加算率を掛けて加えます。

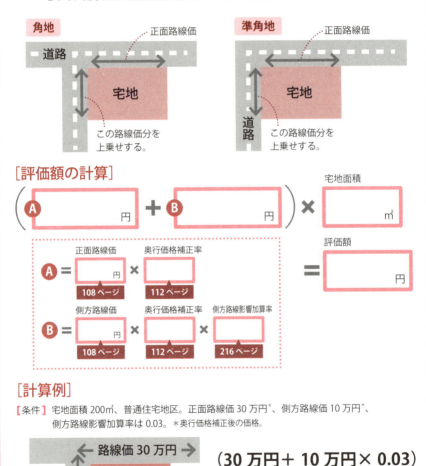

[計算例]
【条件】宅地面積200㎡、普通住宅地区。正面路線価30万円*、側方路線価10万円*、側方路線影響加算率は0.03。 *奥行価格補正後の価格。

(30万円＋10万円×0.03)×200㎡ ＝6060万円（評価額）

2つの道路に挟まれた宅地の評価（二方路線影響加算率）

土地が2つの道路に挟まれている場合も、角地と同様にそれぞれの道路の路線価（奥行価格補正後）のうち、高いほうを「正面路線価」とします。この正面路線価に「もう一方の路線価（裏面路線価）×二方路線影響加算率」を加えます（評価額は上がる）。

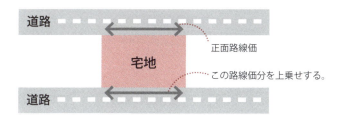

[評価額の計算]

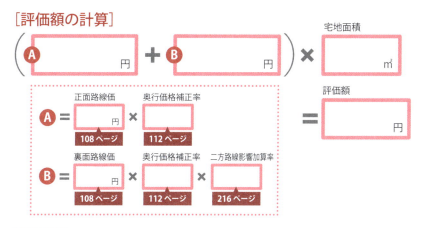

[計算例]

【条件】宅地面積200㎡、普通住宅地区。正面路線価30万円*、裏面路線価20万円*、二方路線影響加算率は0.02。　*奥行価格補正後の価格。

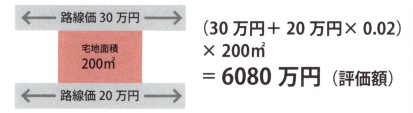

(30万円＋20万円×0.02)
×200㎡
＝6080万円（評価額）

道路に接する部分が狭い宅地の評価（間口狭小補正率）

道路に接する部分（間口）が狭い場合、利用しづらいため評価額は下がります。路線価（奥行価格補正後）を間口狭小補正率で補正します。なお、2つ以上の道路に接した宅地なら、側方または二方路線影響加算後に補正します。

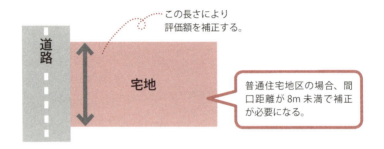

[評価額の計算]

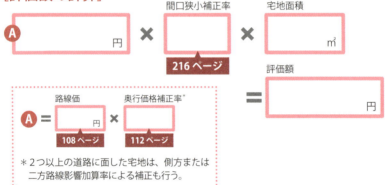

[計算例]

【条件】宅地面積 70㎡（7 m × 10 m）、普通住宅地区。路線価 30 万円※、間口狭小補正率は 0.97。
　　　※奥行価格補正後の価格。

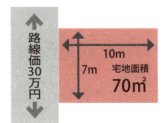

30 万円 × 0.97 × 70㎡
= 2037 万円（評価額）

奥行が長すぎる宅地の評価（奥行長大補正率）

間口にくらべて奥行が長すぎる宅地（奥行距離が間口距離の2倍以上）は、路線価（奥行価格補正後）を奥行長大補正率で調整します。間口が狭い場合は間口狭小補正も行います。2つ以上の道路に接した宅地なら、側方または二方路線影響加算後に補正します。

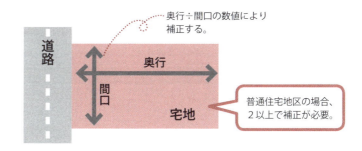

[評価額の計算]

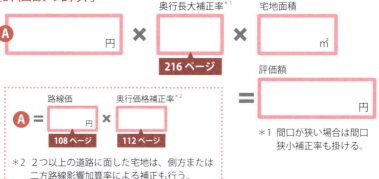

*2 2つ以上の道路に面した宅地は、側方または二方路線影響加算率による補正も行う。

[計算例]

【条件】宅地面積200㎡（10m×20m）、普通住宅地区。路線価30万円※、奥行長大補正率は0.98。
※奥行価格補正後の価格。

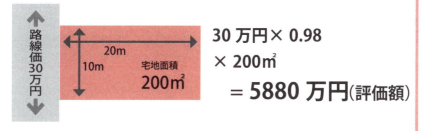

30万円×0.98
×200㎡
＝5880万円（評価額）

いびつな形の土地の評価（不整形地補正率）

正方形や長方形のような整った形でない宅地（不整形地）は利用しづらいため、路線価を不整形地補正率で補正します（評価額は下がる）。117ページまでの補正をすべて加味してから補正を行います。
不整形地補正率は、地区区分、宅地の面積による地積区分（A〜C）[*]、「かげ地割合」により決まります。かげ地割合は「想定整形地」の面積を利用して計算します（右ページ）。

[*] 普通住宅地区の場合は、500㎡未満＝A、500㎡以上750㎡未満＝B、750㎡以上＝C。他の地積区分は217ページ。

[評価額の計算]

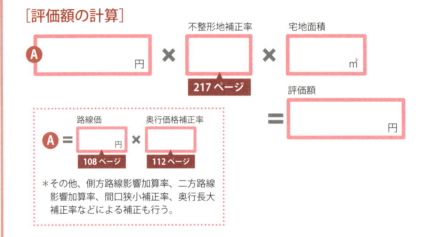

＊その他、側方路線影響加算率、二方路線影響加算率、間口狭小補正率、奥行長大補正率などによる補正も行う。

[計算例]

【条件】宅地面積200㎡、普通住宅地区。路線価30万円[*1]、不整形地補正率は0.9（地積区分A、かげ地割合30%以上35%未満[*2]）

[*1] 奥行価格補正後の価格。
[*2]（想定整形地の面積300㎡－宅地面積200㎡）÷想定整形地の面積300㎡

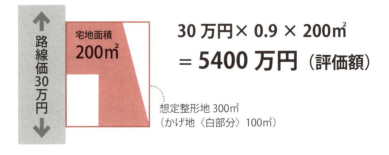

30万円 × 0.9 × 200㎡
＝ **5400万円**（評価額）

想定整形地 300㎡
（かげ地〈白部分〉100㎡）

かげ地割合と想定整形地

かげ地割合

「かげ地」とは、想定整形地から宅地面積を差し引いた部分。かげ地割合は想定整形地に対するかげ地の割合。

[かげ地割合の計算]

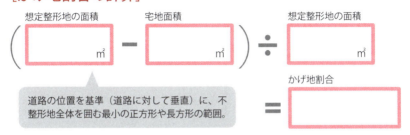

道路の位置を基準（道路に対して垂直）に、不整形地全体を囲む最小の正方形や長方形の範囲。

······ **想定整形地のとり方と奥行距離の計算例** ······

奥行が一様でない土地

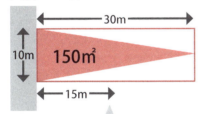

奥行距離が一様でない場合、想定整形地の奥行距離を限度に「宅地面積÷間口距離」で奥行距離を計算する。宅地面積 150㎡÷間口距離 10 m＝15 m。15 m＜30 mなので奥行距離は 15 m。

道路に斜めに接した土地

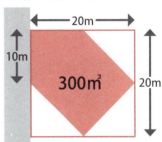

宅地面積 300㎡÷間口距離 10 m＝30 m。30 m＞20 mなので奥行距離は 20 m。

 このような想定整形地の取り方は間違い

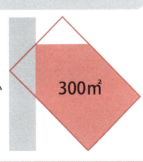

要Check

「土地及び土地の上に存する権利の評価明細書」を作成

国税庁による、路線価方式の評価を計算するための書式です。
作成後は申告書とともに提出します。

1 土地の基本情報を記入する

- 土地の所在地（地番）、所有者の住所・氏名、実際に使用している人の住所・氏名。
  - ▶ 地番、地積は登記事項証明書で確認する。
- 地目（宅地など）、面積（地積）、路線価（正面、側方、裏面）を記入する。
  - ▶ 2つ以上の道路に接している場合は正面路線価を決める

> 奥行価格補正後の金額が大きいほう。

- 間口距離、奥行距離を記入する。
  - ▶ 測量図で確認する（なければ実測する）。不整形地は奥行距離の求め方に注意（→ 119 ページ）。
- 利用区分（自用地か貸宅地かなど）、地区区分に○をする。

2 1㎡当たりの評価額を計算する

- A…奥行価格補正率（→ 112 ページ）による価格を計算する。
- B～D…Aの価格から、接する道路の数により価格を計算する（二～四路線）。
- E…必要ならA～Dの価格に間口狭小補正率（→ 116 ページ）、奥行長大補正率（→ 117 ページ）を加味する。
- F…必要ならA～Eの価格に不整形地補正率（→ 118 ページ）を加味する。
- G～L…その他必要に応じた補正率等を加味する。

3 自用地評価額を計算する

- 1㎡当たりの価格×宅地面積（地積）。

第1表

パート3 財産の評価をする

この金額がその土地の評価額の基本となる。

POINT

貸宅地、貸家建付地、借地権など土地に第三者の権利がある場合などは、第2表を使って計算する。

貸している土地の評価
人に貸した土地は評価額が大きく下がる

  貸している土地や賃貸アパートを建てた土地は、借りている人の権利分だけ評価が下がる。

▍貸している土地は借地権を差し引く

　人に貸している土地を**貸宅地**といいます。貸宅地では借りている人には借地権という権利が生じ、その土地の所有者は利用が制限されます。そのため、評価額は下がります。所有者本人が自宅や店舗などで使っている土地は、自用地といって区別します。

　借地権の設定された土地は、路線価や倍率により通常の評価をした後、借地権割合を差し引きます。借地権割合は、住宅地なら多くの場合60～80％程度です（路線価図で金額の後についたアルファベット）。つまり、貸宅地の評価額は自用地の20～40％程度となります。

▍賃貸アパートの土地は借家権分も差し引く

　賃貸アパートなどを建てて部屋を人に貸している土地を、**貸家建付地**といいます。土地を貸しているわけではありませんが、建物を借りている人の権利は土地にも及ぶと考え、**評価の計算では借地権割合に借家権割合（一律30％→126ページ）を掛けた金額を差し引きます**。さらに賃貸割合（入居者のいる床面積の割合。入居率が高いほど評価額は下がる）を考慮します。

　また親の土地に子が家を建てる場合など、無償で土地の貸し借りが行われることがあります。これを使用貸借といい、贈与税はかからずにすみます。ただし借地権などは認められず、相続時には自用地として評価することになります。

> **ひとくちMEMO　土地を貸すと節税につながる**　貸している土地の評価額は大きく下がる。そのため、生前から計画的に不動産賃貸などを行うことで、相続税を抑えることが可能。

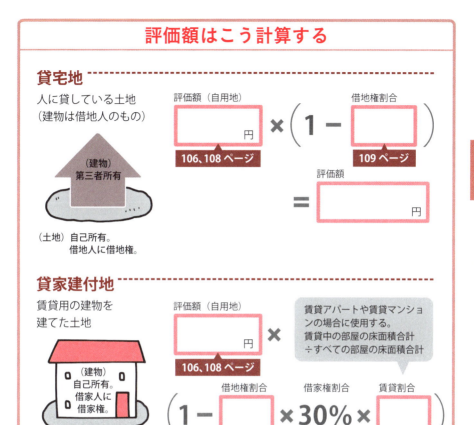

 借りた土地の評価額

　被相続人が土地を借りて家を建てていた場合、その土地に対する借地権が相続財産となります。評価額は下のように計算します。
　借地権のうちあらかじめ期限が設けられた「定期借地権」は、その契約内容による権利の強さ（利益の大きさ）と借地期間を考慮して計算します。

［評価額の計算式］　自用地評価額×借地権割合

要 Check

土地の利用のしかたによる評価額の比較

現金を不動産に変えると評価額を下げられます。
自宅より賃貸アパートなどのほうが有利です。実際に計算してみましょう。

1億円の評価額がこう変わる

【条件】 1億円の財産（現金のままなら評価額1億円）

ケース1　土地を買って自宅を建てた場合

● 土地価格6000万円＋建物価格4000万円＝1億円

評価額はこうなる

● 土地の評価額は実勢価格の80％、建物の評価額は購入価格の60％とする。

土地の評価額	6000万円×80％＝	**4800万円**
建物の評価額	4000万円×60％＝	**2400万円**
	合計評価額	**7200万円**

工夫次第で評価額が大きく変わるんですね。

ケース 2 土地を買って賃貸アパートを建てた場合

● 土地価格 6000 万円＋建物価格 4000 万円＝ 1 億円

（評価額はこうなる）

● 1 の評価額（自用地）に、借地権割合（70％とする）、借家権割合（30％）を加味する。

土地の評価額
$$6000 万円 × 80\% × (1 - 70\% × 30\%) = 3792 万円$$

建物の評価額
$$4000 万円 × 60\% × (1 - 30\%) = 1680 万円$$

合計評価額 **5472 万円**

小規模宅地等の特例（→132ページ）を利用すると

ケース 1 の場合 ▶▶▶ 土地の評価額を 80％減らせる

土地の評価額　4800 万円×（1 − 0.8）＝ 960 万円

960 万円＋建物の評価額 2400 万円

＝合計評価額 **3360 万円**

ケース 2 の場合 ▶▶▶ 土地の評価額を 50％減らせる

土地の評価額　3792 万円×（1 − 0.5）＝ 1896 万円

1896 万円＋建物の評価額 1680 万円

＝合計評価額 **3576 万円**

建物の評価

原則として固定資産税評価額で評価する

まとめ 建物は固定資産税評価額を使って評価する。
自宅なら、固定資産税評価額がそのまま評価額になる。

自宅は固定資産税評価額がそのまま評価額に

　建物はその建物が建っている土地とは別に評価します。評価方法は**固定資産税評価額に一定の倍率を掛ける倍率方式**です。自宅（自用家屋）の倍率は**1.0なので、固定資産税評価額がそのまま評価額となります**。土地と違い立地などは関係ありません。マンションは専有部分を同様に評価します。建築費の50〜70％程度が評価額の目安です。

　固定資産税評価額は、市区町村役場（東京23区は都税事務所）で取得する固定資産評価証明書（→75ページ）で確認します。

建物の条件により調整する

　人に貸している家（貸家）は、借りている人に借家権が生じるため、一律**30％の借家権割合を差し引いて評価**します。賃貸アパートや賃貸マンションなら、借家権に加えて賃貸割合（→123ページ）を加味します。

　付属設備などについては、構造上家屋と一体となっている電気、ガス設備、給排水設備、エレベーターなどは建物の評価額に含まれるため、別途評価する必要はありません。

　相続開始時に建物が建設中という場合は、まだ固定資産税評価額がないため、それまで建築にかかった費用の70％で評価します。

　なお、借家には借家権がありますが、多くの場合借家権は単独で取引されないため、亡くなった人が住んでいた借家は評価の対象になりません。

ひとくちMEMO　庭木、庭石、池などの評価　庭園設備は、調達価額（同程度のものを取得したときにかかる金額）の70％が評価額。ただし多くの場合、一般家庭の庭などは特に評価の必要はない。

評価額はこう計算する

自宅（自用家屋）

固定資産税評価額 [　　　　円] × 1.0

= 評価額 [　　　　円]

建物が建築中（まだ固定資産税評価額がない）

費用現価 [　　　　円] × 70% = 評価額 [　　　　円]

> 相続開始時点で建築にかかった費用

貸家

固定資産税評価額 [　　　　円] × (1 − 借家権割合 30%) = 評価額 [　　　　円]

賃貸アパート、賃貸マンション

固定資産税評価額 [　　　　円] × (1 − 借家権割合 30% × 賃貸割合 [　　　])

> 賃貸中の部屋の床面積合計÷すべての部屋の床面積合計

= 評価額 [　　　　円]

門や塀など

再建築価額 [　　　　円] × 70% = 評価額 [　　　　円]

> 相続開始日時点で新たにつくったときかかる金額（償却費分を差し引く）

パート3 財産の評価をする

集中講義 配偶者居住権の評価

相続後の配偶者の生活を守るためにつくられた権利。
遺産分割の新たな選択肢として活用できる。

「自宅に住み続ける権利」を取得できる

　配偶者居住権とは、遺された配偶者が亡くなった人の所有していた自宅に住み続けられる権利です。平成30年の相続法改正で新設されました（令和2年4月から実施）。

　これまでは配偶者が自宅を相続した場合、不動産は評価額が大きいため、遺産分割でほかの財産を相続できなくなり、生活資金に困るケースがありました。配偶者居住権なら所有権よりも評価が低くなるため、自宅に住み続け

配偶者居住権の活用例

[条件] 相続財産は自宅2000万円（評価額）、預貯金2000万円。
　　　相続人は妻と子。遺産分割は法定相続分で行う（妻1/2、子1/2）。

自宅でそのまま暮らすため妻が自宅をそのまま相続すると、預貯金はすべて子の相続となり、妻は現金を受け取れない。

評価額が低いため、その分他の財産を取得できる。

自宅 2000万円

預貯金 2000万円

妻が自宅の配偶者居住権を取得なら

妻

自宅の配偶者居住権
（1000万円）

預貯金
1000万円

子

自宅の負担付所有権
（1000万円）

預貯金
1000万円

る権利を確保しつつ、ほかの財産を相続しやすくなります。申告時には「配偶者居住権等の評価明細書」により評価額を計算します。

その他、遺産分割協議終了まで（最低6か月）、配偶者が無償・無条件で自宅に住むことができる**配偶者短期居住権**もつくられました。

所有権と居住権に分けて評価する

配偶者居住権の評価額は、建物と土地それぞれの所有権から負担付所有権（一定の制限がある所有権）の評価額を差し引いた金額となります。不動産の権利を、所有権（負担付所有権）と居住権（配偶者居住権）に分けるわけです。計算式は下図のようになります。

配偶者居住権は相続後にその登記が必要です。配偶者の死亡などにより、権利は消滅します。そのとき負担付所有権の所有者は完全な所有権を持つことになりますが、相続税などはかかりません。ただし、存命中に配偶者居住権を有償で消滅させる場合などには、税負担が生じることがあります。

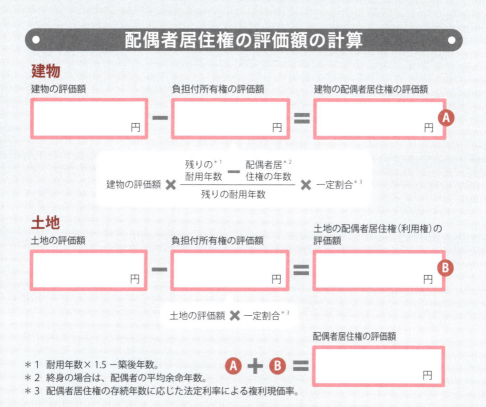

配偶者居住権の評価額の計算

*1 耐用年数×1.5 －築後年数。
*2 終身の場合は、配偶者の平均余命年数。
*3 配偶者居住権の存続年数に応じた法定利率による複利現価率。

駐車場の評価

駐車場のタイプによって評価の方法が変わる

　駐車場の評価はそのタイプの確認が必要。
節税に活用できる場合もある。

業者に土地を貸していれば評価額は下がる

　駐車場は、原則として「雑種地」という地目で評価します。ただし、駐車場のタイプによって評価の方法が変わります。

　自宅の敷地内にある自家用車を停めるための駐車場は、宅地の一部（1画地）として評価します。そのためその宅地が小規模宅地等の特例（→132ページ）の対象なら、駐車場部分も対象となります。

　貸駐車場として経営している場合は、自宅の敷地内であっても区別して評価します（→右ページ）。設備の状況などによっては小規模宅地等の特例を利用できます（→＋αコラム）。賃貸アパートなどの居住者用駐車場は、貸家建付地（→122ページ）の一部として扱います。ただし、道路などで土地が離れている場合は別々に評価します。

　土地をコインパーキング業者などに貸している場合は、自用地としての評価額からその業者の持つ賃借権を差し引くことになります。その分評価額は下がります。

＋α コラム　貸駐車場も小規模宅地等の特例を受けられる

　貸駐車場のうち、アスファルト舗装や砂利敷きなどがされているものは「貸付事業用」の宅地（→132ページ）として、小規模宅地等の特例を受けられる場合があります。適用を受けると、200㎡までの土地の評価額を50％下げることができます。

　いわゆる青空駐車場（ロープを張っただけ、車止めの石を置いただけなど）は特例の対象外です。

評価額はこう計算する

1 自宅の駐車場

宅地の一部（自用地→ 105 ページ）として評価する。

2 自ら経営する貸駐車場

自宅の土地と隣り合っていても分けて評価する（地目は雑種地）。間口や奥行も自宅とは別に考える。

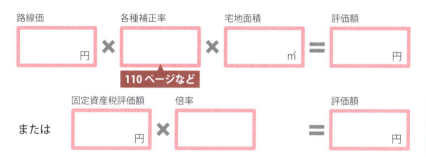

3 賃貸アパートなどの居住者用駐車場

原則としてアパートの敷地の一部として評価する（貸家建付地）。

4 土地を貸したコインパーキング業者などが経営する貸駐車場

残っている賃借権の期間に応じた法定地上権割合（地上権とした場合）の 1/2 に相当する割合。

注・ただし、借主の権利の強さにより計算方法は変わる。

小規模宅地等の特例

住むための土地なら評価額を8割下げられる

亡くなった人の自宅の土地や事業で使っていた土地などは、評価額を大きく下げられる。

対象となる土地は3種類

　亡くなった人が住んでいた土地を配偶者が相続する、親族がそのまま住む、また亡くなった人の事業を土地とともに引き継ぐといった場合、その土地の評価額を80％または50％減額できます。これを小規模宅地等の特例といいます。相続税が高額で、自宅などを売却するしかないといった事態を防ぐことができます（詳細な条件は134ページ）。

　特例の対象となる宅地には、**特定居住用、特定事業用、貸付事業用**の3つがあります。特定居住用宅地とは、亡くなった人が住んでいた自宅の土地か、亡くなった人と生計を一にする親族が住んでいた土地です（330㎡〈約100坪〉まで80％減額）。特定事業用宅地は、亡くなった人や亡くなった人と生計を一にする親族が事業を行っていた土地です。その事業が賃貸不動産や駐車場などの場合は貸付事業用宅地となり、条件がやや厳しくなります（特定事業用は400㎡まで80％減額、貸付事業用は200㎡まで50％減額）。

不動産があれば必ず検討する

　小規模宅地等の特例の節税効果は非常に大きいため、不動産の相続では必ず利用を検討しましょう。

　適用を受けるには、計算上税額がゼロになる場合でも相続税の申告が必要です。また、相続税の申告期限までに遺産分割が終わっていなければなりません（その土地の取得者が決まっていること）。

> **ひとくち MEMO**　**別居の親族は条件に注意**　この特例の対象となる人のうち、同居しておらず持ち家に住んでいない親族は、条件（家なき子要件）が細かく指定されている（→134ページ）。

特例の対象となる3つの宅地と減額割合

特定居住用宅地
- 自宅（被相続人が住んでいた宅地）。
- 被相続人と生計を一にしていた親族が住んでいた宅地。
- 適用条件は134ページ。

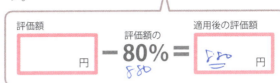

特定事業用宅地*
- 被相続人が事業を行っていた宅地。
- 被相続人と生計を一にしていた親族が事業を行っていた宅地。
- 適用条件は135ページ。

＊被相続人または被相続人と生計を一にしていた親族が株式の過半数を所有する会社の土地は「特定同族会社事業用宅地」として適用を受けられる（特例の内容は同じ）。

貸付事業用宅地
- 被相続人が貸していた宅地（貸家や賃貸マンション、貸駐車場）。
- 被相続人と生計を一にしていた親族が貸していた宅地（貸家や賃貸マンション、貸駐車場）。
- 適用条件は135ページ。

小規模宅地等の特例 適用条件確認チャート

この特例を受けるには、さまざまな条件を満たしている必要があります。チャートで確認してみましょう。

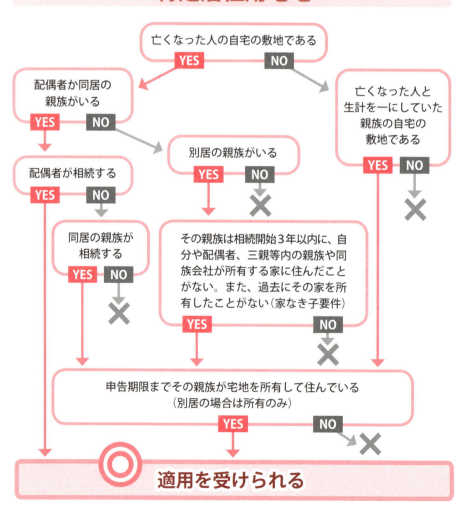

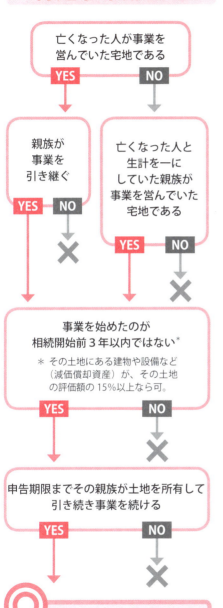

生命保険の評価

「500万円×相続人の数」までは非課税になる

相続税の対象となる保険の範囲に注意。
相続人が受け取る生命保険金には一定の非課税枠がある。

非課税枠を活用する

　亡くなった人が被保険者である生命保険金は、みなし相続財産（→30ページ）として相続税がかかります。受け取り方が一時金か定期金かによって異なりますが、基本的に受け取る金額が評価額です。

　生命保険金には、受取人が相続人なら「500万円×相続人の数」の非課税枠があります。この金額までは相続税がかかりません。相続人以外が受け取る保険金は非課税枠の対象外です。**生前に相続人を受取人にして生命保険に加入しておけば、この非課税枠を活用できるため相続税の軽減に役立ちます。**

　生命保険契約の権利を相続した場合は、解約返戻金相当額を評価額として相続税がかかります。なお、この場合には非課税枠が使えません。

　契約者は相続人などだが、実際に保険料を負担していたのは被相続人だったという場合は、名義保険として相続財産に含めます。

　その他、個人年金保険の死亡給付金を受け取ったり、年金受給（保証期間付定期金に関する権利）を引き継ぐ場合は、相続税の対象として生命保険金と同様に評価します。

 死亡退職金の評価

　死亡退職金（小規模企業共済を含む）は、死亡保険金と同様に評価します。受取人が相続人なら、生命保険金と同様に「500万円×相続人の数」の非課税枠があります。

　亡くなった人が受け取っていた退職年金の権利を引き継ぐ場合も、生命保険契約の権利と同様に相続税がかかります。

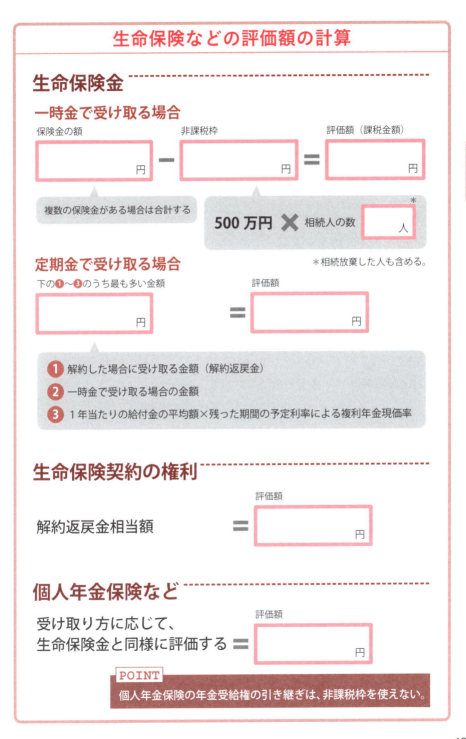

有価証券の評価①上場株式

4つの価格から評価額を決める

上場株式の評価額は相続開始時の時価が基本。
ただし、4つの価格から選ぶことができる。

上場株式は有利な価格を選べる

　株式の評価は原則として時価で行いますが、**証券取引所で取引されている株式（上場株式）かどうかによって、評価の方法は異なります**。

　上場株式の価格は日々変動しています。相続開始日の価格を評価額とした場合、同じ銘柄でもタイミング次第で評価額が大きく変わってしまうことがあります。そこで、1株当たりの価格は**右ページの4つの価格をくらべて、最も低いものを選べるようになっています**。相続開始日（亡くなった日）は「課税時期」ともいいます。「終値」または「最終価格」とは、その日の最後についた価格です。亡くなった月、その前月、その前々月の価格は、月ごとに終値を平均することで突出した価格にならないようにします。

　これらの価格は自分で調べて計算もできますが、証券会社などから残高証明書を発行してもらう際に参考資料としてもらうこともできます。

ETFやREITも同様に評価する

　上場株式と同じように証券取引所などで取引される金融商品に、**上場株式と連動するETF（上場投資信託）、不動産市場と連動するREIT（上場不動産投資信託）などがあります。投資信託の一種ですが、こうした金融商品は上場株式と同様に4つの価格のいずれかにより評価します**。

　申告の際は「上場株式の評価明細書」（国税庁の様式あり）に4つの価格を記入して添付します。

> **ひとくち MEMO　気配相場等のある株式**　その他、日本証券業協会が指定した登録銘柄や店頭管理銘柄は、日本証券業協会の公表する価格で評価する。公開途上の株式はその公開価格で評価する。

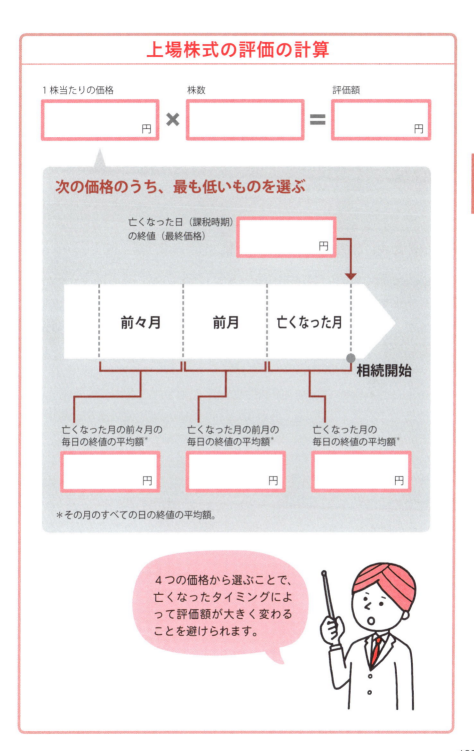

有価証券の評価②非上場株式

会社の規模や会社との関係性から評価額を計算する

評価は個々の会社の内容を調べて、それをもとに評価する。
計算方法は複雑なので税理士に相談するとよい。

株主としての立場で変わる

　非上場株式の場合、客観的な価格が存在しないため、その会社の法人税申告書や決算書、会社の概要などから、評価額を算定しなければなりません。難易度が高いため、相続税にくわしい税理士に相談するのがよいでしょう。ここでは基本的な考え方を解説します。

　まず相続人が同族株主かどうかで計算方法が変わります。同族株主とは、ある株主とその親族で株式（議決権割合）の30％以上を所有する株主グループの株主です。[1] 同族株主であれば原則的評価方式を使います。株主としての支配力が大きいほど、会社の実態を評価額に反映させることになるため、評価額が高めになります（計算式→142ページ）。

　原則的評価方式には、業種ごとの標準的な会社（類似会社）をもとに評価する類似業種比準方式、相続開始時点で会社を清算した場合いくらになるかによって評価する純資産価額方式の2つがあります。いずれか一方、または併用します。会社の規模（大会社、中会社、小会社→143ページ）も考慮します。

同族株主以外なら評価額は下がる

　相続人が同族株主以外で、その会社に大きな支配力を持っていなければ、**特例的評価方式**（過去2年間の配当から評価する配当還元方式）を使います。原則的評価方式にくらべて評価額は低くなります。

> **ひとくちMEMO　支配株主、少数株主**　同族株主などのうち、議決権の過半数を持つ株主を支配株主という。一方、会社の経営権などを持たない株主を少数株主という。

[1] ただし、50％以上を所有する株主がいる場合は、そのグループの株主のみが同族株主となる。

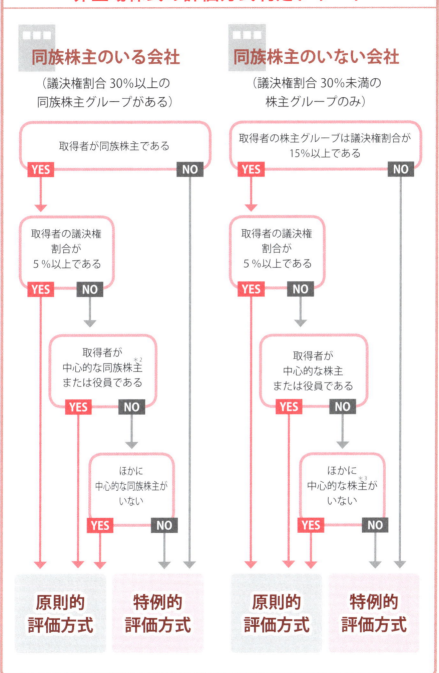

*2 同族株主の1人とその配偶者、直系血族、兄弟姉妹、一親等の姻族で株式の25%以上を所有している。
*3 ある株主とその親族で株式の15%以上を所有する株主グループがあり、そのグループで10%以上を単独で所有する株主。

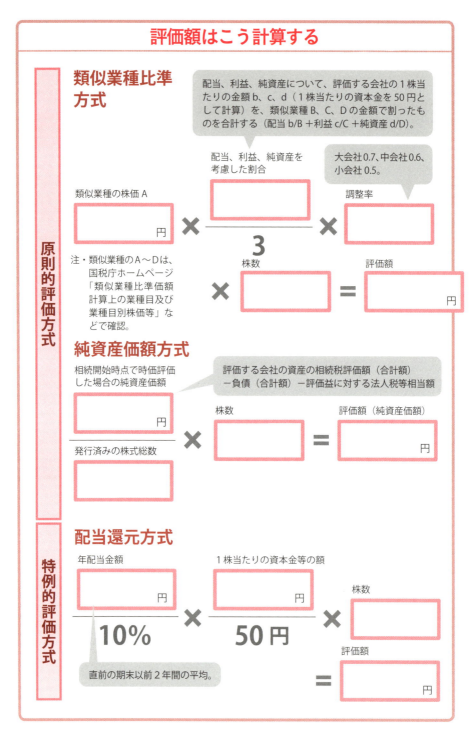

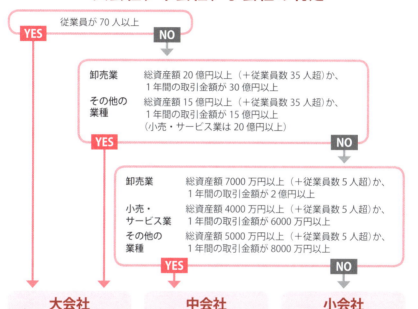

＋α コラム 「法人版事業承継税制」を活用する

　法人版事業承継税制とは、会社の事業を後継者に引き継ぎやすくするために、非上場株式等の相続税や贈与税を猶予・免除する制度です。

　平成30年4月〜令和5年12月までは、贈与と相続で、株式について100％の納税猶予が受けられます（平成30年〜令和9年までの贈与・相続）。5年以内の特例承継計画＊と一定の担保の提出が必要です。後継者の死亡などにより納税が免除されます。

＊後継者や承継までの経営の見通しなどをまとめたもの。

有価証券の評価③公社債など
相続開始日の価格で計算する

　有価証券の評価は相続開始日の時価が基本。
その種類により調整方法が異なる。

公社債はその種類を確認

　公社債とは、国や地方公共団体、企業などが発行する債券です（国債、地方債、社債など）。

　公社債のうち証券取引所に上場されている銘柄は、相続開始日の最終価格により評価します。上場されていない銘柄は、発行価額により評価します。なお公社債で公表されている価格は、一般に券面額100円当たりのものです。上場銘柄以外で、日本証券業協会による売買参考統計値が公表されている銘柄は、相続開始時の平均値で評価します。

　また利払いの方法により、発行時に決められた金利が定期的に支払われる利付公社債、発行時に金利相当額を差し引いた価格で発行される割引公社債があります。いずれも基本的な評価方法は上記の通りですが、利付公社債では支払われた利息を加えます。

投資信託は相続開始日などの価格を確認

　投資信託は、株や債券などを組み合わせた金融商品で、プロが運用を行って得た利益を分配します。**評価額は、相続開始日に解約請求した場合に受け取る金額（基準価額）です。**ただし、税金や解約手数料などを差し引きます（受け取っていない分配金がある場合は合計する）。

　上場している投資信託（ETFやREIT）の場合は、上場株式と同様に評価します（→138ページ）。

> **ひとくちMEMO　個人向け国債の評価**　個人向け国債（1万円から購入できるなど）は、財務省ホームページ「中途換金シミュレーション」で、相続開始日で換金した場合の価格を確認する。

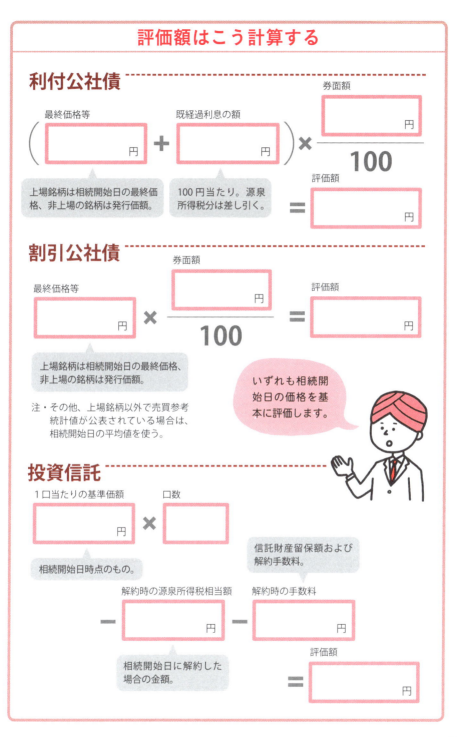

事業用財産の評価

財産の種類や内容ごとに評価する

財産の種類によって評価方法が異なるので、
財産の内容を青色申告決算書などでよく確認する。

棚卸資産の計算に注意

　亡くなった人が個人事業主であれば、その事業にかかわるものも相続財産です。財産の種類や内容に応じて評価します。

　右ページの一般動産のうち、機械装置、器具・工具・備品など減価償却資産は、相続開始日までの償却費を差し引いて計算する場合もあります。**商品、製品、原材料、半製品・仕掛品といった棚卸資産（在庫）の評価は、仕入れ価格を基本にして経費などを考慮します。** その他、売掛金や未収入金なども相続財産の一部です。もれのないよう注意します。

　事業で使われていた不動産は、小規模宅地等の特例（→132ページ）の活用を検討しましょう。また事業を継ぐ場合には、個人版事業承継税制（→148ページ）の利用も考えられます。生前からの準備が大切です。

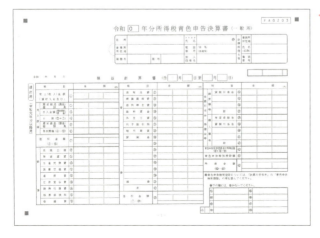

◀ **青色申告決算書**
青色申告決算書や収支内訳書など税務書類の控え、各種帳簿などで事業用財産の状況がわかる。

事業用財産の評価額の計算

一般動産
（事業で使われていた不動産以外の財産。機械、器具、自動車など）

売買実例価額や精通者意見価格 ＝ 評価額 ［　　　］円

- 似た財産が市場で取引されている価格。
- 専門家の鑑定などによる価格。

● **売買実例価額や精通者意見価格が不明の場合**

相続開始日時点の同種・同規格の新品小売価額 － 相続開始日までの償却費（定率法） ＝ 評価額 ［　　　］円

棚卸資産（在庫）

● **商品、製品**

（相続開始日時点の販売価格〈税込〉 － 利益 － 経費 － 消費税）× 個数

＝ 評価額 ［　　　］円

● **原材料、半製品、仕掛品**

（相続開始日時点の仕入れ価格〈税込〉 ＋ 経費）× 個数 ＝ 評価額 ［　　　］円

売掛金、未収入金（貸付金債権）

債権金額 ＋ 利息 ＝ 評価額 ［　　　］円

- 元本の額。
- 相続開始日時点の既経過利息。

パート3　財産の評価をする

集中講義 個人版事業承継税制

個人事業を子などに引き継ぐ場合、相続税や贈与税が猶予・免除される特例があります。

事業用資産への課税が猶予される

個人版事業承継税制とは、個人事業主が事業を後継者に引き継ぐ場合、相続や贈与による一定の資産（特定事業用資産）について、相続税や贈与税の納付が全額猶予・免除される制度です。法人版事業承継税制（→143ページ）と同様、事業の円滑な世代交代のためにつくられた制度です。

平成31年1月から令和10年12月までの相続・贈与が対象です。

個人版事業承継税制のしくみ

特定事業用資産の贈与または相続
（事業を引き継ぐ）

1. 土地（400㎡まで）
2. 建物（床面積800㎡まで）
3. 機械・器具備品、車両・運搬具など（減価償却資産）。

先代事業者
青色申告の個人事業者
（不動産貸付業を除く）

後継者
青色申告の事業者

贈与税や相続税が猶予される

不動産貸付事業は対象外

　適用を受けるには、都道府県に「個人事業承継計画」と一定の担保を提出して、令和6年3月までに認定を受けることが必要です。事業を引き継ぐ相続人（後継者）は、青色申告の承認を受けていなければなりません。

　猶予期間中は、3年ごとに「継続届出書」を住所地の税務署に提出することで事業の継続を証明します。事業を廃止したり、対象の資産を売却した場合には、猶予の一部または全部が取り消され、納税が復活します。**その後、事業を引き継いだ後継者が亡くなったときに、猶予されていた税金は免除となります。**

　なお、不動産貸付事業などはこの制度の対象外です。また、小規模宅地等の特例との併用はできません。こうしたデメリットも事前によく確認しておきます。

適用と手続きの流れ

1　後継者は個人事業承継計画を都道府県に提出する

● 事業を確実に引き継ぐための具体的な計画をつくる。

● 提出期限は令和6年3月。

注・贈与や相続開始後に提出することもできる。

2　特定事業用資産の贈与を受ける／相続する

● 贈与や相続後、都道府県知事の「円滑化法の認定」を受ける[*1]。

● 事業を承継して青色申告の事業者になる[*2]。

*1 贈与→贈与を受けた年の翌年1月15日までに申請。相続→相続開始後8か月以内に申請。
*2 税務署に開業届出書を提出して青色申告の承認を受ける。

3　贈与税／相続税の申告を行う

● 申告書には制度の適用を受ける旨を記載する。

● 一定の担保を提供する。

4　贈与税／相続税が猶予される

● 3年ごとに「継続届出書」を税務署に提出する。

● 猶予された税金は次の場合に免除となる。贈与税の猶予→先代事業者が亡くなった場合など。相続税の猶予→後継者が亡くなった場合など。

パート3　財産の評価をする

149

その他の財産の評価

5万円以下の財産はまとめて評価する

 その他、現金や預貯金、家庭用財産の評価については、整理してリストなどにまとめておく。

預貯金は定期預金や外貨預金に注意

　亡くなった日にあった現金、預貯金（定期、普通）は、金額があきらかなので、評価に迷うことはないでしょう。**相続開始日時点の残高が評価額となります。**定期預金は相続開始日時点の利息（税引き後）を加えます。外貨預金の場合は、日本円への換算が必要です。

　その他、預貯金名義はほかの家族でも、実際の入金などは亡くなった人が行っていたという場合、その預貯金は「名義預金」として相続財産となるので注意します。

評価額が5万円を超えるかどうか

　その他の相続財産として、たとえば、家具や電化製品（テレビやオーディオセットなど）、自動車、オートバイ、船舶、書画・骨董、電話加入権、ゴルフ会員権やリゾート会員権、老人ホームの入居金などがあります。これらを**家庭用財産（または一般動産）**といいます。会員権や入居金など価値のはっきりしているもの以外は、概算による評価でかまいません。

　いずれも、相続開始日時点の時価を基本として評価します。判断できないものは専門家の意見を聞いて評価額を決めましょう（精通者意見価格）。

　ただし、1個（1組）5万円以下の家庭用財産は、1つひとつ評価するのは煩雑であるため、おおよその価値を見積もって「一括○○円」として評価することが認められています。

> **ひとくちMEMO　著作権（財産権）や特許権も財産**　被相続人が持っていた無形の権利も相続により評価する。基本的には、その権利による収入とその収入が今後どれだけ続くかで計算する。

預貯金の評価額はこう計算する

普通預金
相続開始日時点の預入残高

評価額

＝ ［　　　　　］円

定期預金
預入残高 ＋ $\left(\dfrac{\text{解約時点の}}{\text{既経過利息}} - \dfrac{\text{源泉}}{\text{所得税額}}\right)$

評価額

＝ ［　　　　　］円

外貨預金
相続開始日時点で円換算した金額

評価額

＝ ［　　　　　］円

TTB（対顧客電信買相場）による。

家庭用財産の評価額はこう計算する

家財、自動車
売買実例価額や精通者意見価格

似た財産が市場で取引されている価格。　専門家の鑑定などによる価格。

評価額

＝ ［　　　　　］円

● 売買実例価額や精通者意見価格が不明の場合

相続開始日時点の同種・同規格の新品小売価額 － 相続開始日までの償却費（定率法）

評価額

＝ ［　　　　　］円

電話加入権
1500円（全国一律）✕ 本数

評価額

＝ ［　　　　　］円

各種会員権（ゴルフ会員権、リゾート会員権）
相続開始日時点の取引価格 ✕ 70％（原則）

評価額

＝ ［　　　　　］円

老人ホームの入居金、保証金など
遺族が受け取った返金額

評価額

＝ ［　　　　　］円

パート3 財産の評価をする

財産評価 書き込みシート（ひな型）

相続財産とその評価額は一覧表にまとめておくと、
遺産分割協議や申告書作成のとき役立ちます。

プラスの財産

土地と建物は別にする

不動産

番号	所在地（地番、家屋番号）	面積	評価額	備考
1			円	
2			円	
3			円	
4			円	

保険

番号	名称	保険会社	金額	備考（証券番号など）
1			円	
2			円	

預貯金

番号	金融機関・支店	種別等	残高	備考（口座番号など）
1			円	
2			円	

有価証券

番号	種類、銘柄、名称	金融機関・支店	数量	金額	備考（証券番号など）
1				円	
2				円	

	番号	種類	名称（所在地）	金額 （時価など）	備考
その他の財産	1			円	
	2			円	
	3			円	
	4			円	
	5			円	
	6			円	
		プラスの財産合計		円	Ⓐ

マイナスの財産（負債）

	番号	種類	名称 （債権者等）	金額	備考
借入金	1			円	
	2			円	

	番号	種類	名称 （債権者等）	金額	備考
未払金等	1			円	
	2			円	
		マイナスの財産合計		円	Ⓑ

プラスの財産合計　　　　　　　　　　マイナスの財産合計　　　　　　　　相続財産の総額

Ⓐ 　　　　円　　－　　Ⓑ 　　　　円　　＝　　　　　　円

相続税もっとわかるコラム

海外に相続人がいる場合、海外に財産がある場合

　国内の親などが亡くなって、海外に住む人が相続人になった場合、その国籍を問わず日本の相続税が課せられます。亡くなった人が海外で暮らしていた場合も同様に相続税がかかります。

　このとき、国外にある財産にも課税されます。ただし、10年を超えて海外で暮らす相続人、被相続人の国外財産は、原則として課税対象外となります。

　また海外に住む相続人は、相続で必要になる書類に注意が必要です（下図）。日本での申告・納税が難しい場合は、国内の親族などに「納税管理人」になってもらい、代行してもらうこともできます。

　海外にある財産は日本円に換算して評価します。その財産に対して、現地で相続税に相当する税金を課税された場合は、外国税額控除（→164ページ）の対象となります。

海外に住む相続人は必要書類に注意

サイン（署名）証明書
印鑑証明書に代わるもの。遺産分割協議書が必要な手続きで、協議書にサインをしてサイン証明書を添付する。現地の日本領事館で発行してもらう。

在留証明書
住民票に代わるもの。不動産の相続登記などで必要になる。現地の日本領事館で発行してもらう。

印鑑証明書は、国内に住所がないと発行されません。

パート4 相続税の申告書 書き方・まとめ方

申告書一覧 …………………………………… 156

税額控除①贈与税額控除 …………………… 158

税額控除②配偶者の税額軽減 ……………… 160

税額控除③未成年者控除、障害者控除 …… 162

税額控除④相次相続控除、外国税額控除 … 164

申告書作成の流れ …………………………… 166

申告書一覧

第1表から第15表まであり必要なものを使う

まとめ 財産の内容や適用を受ける特例などにより、使用する申告書は異なる。

はっきりていねいに記入する

　相続税の申告書は第1表から第15表まであり、**財産の内容や利用する控除や適用を受ける特例などに応じて必要なものを使います**。各表には条件により付表などが用意されているため、使用する申告書類はさらに多くなることもあります。

　パート2で集めた書類などをもとに、特例や税額控除ごとに計算明細書などを作成して財産の内容や評価額をまとめ、税額を計算します。その他、土地など特定の相続財産では評価明細書（→60ページ）も作成して、併せて提出します。

　申告書類や評価明細書は税務署で入手できるほか、国税庁のホームページから印刷もできます。必ず最新のものを使いましょう。

　記入は黒のボールペンではっきりていねいに行います。申告書の一部（金額記入欄にマス目のあるもの）は機械で読み取るため、マス目からはみ出したり、汚したりしないよう気をつけます。

+αコラム　相続人によって相続税が割り増しになる

　亡くなった人の配偶者、子または親（一親等の血族）以外の人が相続や遺贈で財産を取得した場合、その人が負担する相続税は2割加算された金額となります（相続税の2割加算）。具体的には、兄弟姉妹や孫、おい・めい、また血のつながりのない人です。孫は代襲相続であれば加算されません。

　相続は基本的に親から子への財産移転を想定しているため、それ以外の相続や遺贈がある場合には税負担の調整が行われるのです。

必要な申告書類をチェック

			必要なケース	解説ページ
☐	**第1表**	**必須！**	（各相続人の相続内容や相続税額を記入して合計する）	▶ 196 ページ
☐	**第2表**	**必須！**	（法定相続分に基づく相続税の総額を計算・記入する）	▶ 194 ページ
☐	**第3表**		農地を引き継いで農業を行う人がいる。	──
☐	**第4表**		相続税の2割加算の対象となる相続人がいる。	▶ 184 ページ
☐	**第4表の2**		暦年課税の贈与税額控除を受ける。	▶ 186 ページ
☐	**第5表**		配偶者の税額軽減を受ける。	▶ 188 ページ
☐	**第6表**		未成年者控除や障害者控除を受ける。	▶ 190 ページ
☐	**第7表**		相次相続控除を受ける。	▶ 192 ページ
☐	**第8表**		外国税額控除などを受ける。	▶ 192 ページ
☐	**第9表**		生命保険金などを受け取った人がいる。	▶ 168 ページ
☐	**第10表**		死亡退職金などを受け取った人がいる。	▶ 170 ページ
☐	**第11表**	**必須！**	（課税対象となる相続財産をまとめる）	▶ 176 ページ
☐	**第11の2表**		相続時精算課税制度の適用者がいる。	▶ 174 ページ
☐	**第11・11の2表の付表1**		小規模宅地等の特例などの適用を受ける。	▶ 172 ページ
☐	**第12表**		納税猶予を受ける農地がある。	──
☐	**第13表**		相続財産から差し引く被相続人の債務や葬儀費用がある。	▶ 178 ページ
☐	**第14表**		暦年課税の生前贈与を受けている人などがいる。	▶ 180 ページ
☐	**第15表**	**必須！**	（相続財産を種類ごとにまとめる）	▶ 182 ページ

パート4

相続税の申告書　書き方・まとめ方

税額控除①贈与税額控除

相続税と贈与税の二重払いを避けられる

まとめ 税額控除は6種類。贈与については二重課税を避けるため、贈与税に対する贈与税額控除が設けられている。

相続税の計算では税額控除の知識が不可欠

　税額控除とは、一定条件に当てはまる場合にその相続人の税額から一定額を差し引くことができるしくみです。相続税では全部で6種類あり、併用もできます。相続税を減らすことができるため、その内容をしっかり押さえておきましょう。下図の順に当てはまるものを差し引きます。

　贈与には贈与税額控除が設けられており、2つのタイプがあります。

　相続開始前3年以内に行われた贈与は相続税の対象です。贈与を受けた際贈与税を納めていた場合には、相続税からその贈与税額を差し引くことができます（暦年課税分の贈与税額控除）。同じ財産に対する税金の二重払いを避けるためです。

　相続時精算課税制度を利用していた場合、その受贈額は相続財産に含めますが、暦年課税と同様、納めた贈与税額を差し引くことができます（相続時精算課税分の贈与税額控除）。暦年課税分とは別に扱い、税額控除の中で最後に差し引きます。計算結果がマイナスなら差額が還付されます。

税額控除は次の順番で控除する

1 贈与税額控除（暦年課税分）
2 配偶者の税額軽減　▶160ページ
3 未成年者控除　▶162ページ
4 障害者控除　▶162ページ
5 相次相続控除　▶164ページ
6 外国税額控除　▶164ページ
7 贈与税額控除（相続時精算課税分）

2つの贈与税額控除の控除額の計算

暦年課税分

適用を受けられる人
相続開始前3年以内に被相続人から贈与を受け、贈与税を納めた人。

相続財産に含めた贈与財産（暦年課税分）について納めた贈与税額 ＝ 控除額 ◻ 円

相続開始前3年以内の暦年課税の贈与（→32ページ）

贈与税額にほかの人からの贈与分がある場合の計算

その年の贈与税額 × (相続財産に加えた贈与財産の額) / (その年の贈与財産の合計額)

相続時精算課税分

適用を受けられる人
相続時精算課税制度を利用して被相続人から贈与を受け、贈与税を納めた人。

相続財産に含めた贈与財産（相続時精算課税分）について納めた贈与税額 ＝ 控除額 ◻ 円

同じ贈与に対する控除ですが、相続税の計算では区別して扱います。

POINT
この計算で控除しきれない金額がある場合、相続税の還付が受けられる。

パート4　相続税の申告書　書き方・まとめ方

159

税額控除②配偶者の税額軽減

配偶者なら1億6000万円か法定相続分まで非課税になる

配偶者が取得する相続財産は有利に扱われる。
相続税がかからないケースも多い。

配偶者の貢献に報いる

　配偶者の相続した財産が、「1億6000万円」と「配偶者の法定相続分相当額」をくらべて、どちらか多いほうの額まで相続税がかかりません。これが**配偶者の税額軽減**です。配偶者が取得する相続財産は、少なくとも1億6000万円までは相続税がかからないことになります。配偶者は相続財産の形成に大きな貢献があったと考えられるため、その生活を保障するための税額控除です。

申告時に遺産分割が確定していること

　配偶者の税額軽減を受けられる配偶者は戸籍上の配偶者です。内縁関係や事実婚は認められません。また婚姻期間の長さは問われません。
　適用を受けるには、第5表「配偶者の税額軽減額の計算書」（→188ページ）を作成の上、相続税の申告が必要です。控除の計算の結果、相続税額がゼロになる場合も申告します。
　また、相続税の申告期限までに遺産分割が完了していることが必要です。これは配偶者が実際に取得した相続財産の額により、控除額の計算をするためです。
　非常に有利な税額控除ですが、フルに使って配偶者の相続分を大きくしすぎると、二次相続（→164ページ）のときにかえって税負担が重くなることがあります。事前によく試算することが必要です。

> **ひとくちMEMO　配偶者の税額軽減の例**　相続財産が2億円で相続人が複数の場合、法定相続分（1/2）の相続なら相続税はゼロ。全額相続なら4000万円に相続税がかかることになる。

配偶者の税額軽減の控除額の計算

適用を受けられる人

配偶者

相続税の総額

◻️ 円

×

下の**Ⓐ**と**Ⓑ**の
いずれか少ないほう

◻️ 円
─────────────
相続財産の合計額

◻️ 円

＝

控除額

◻️ 円

**1億6000万円と配偶者の
法定相続分の
いずれか多いほう**

Ⓐ ◻️ 円

**配偶者が実際に相続した
財産（課税価格）**

Ⓑ ◻️ 円

> 配偶者が相続した財産が1億6000万円以下なら相続税はかかりません。1億6000万円を超えていても法定相続分以下ならかかりません。

パート4　相続税の申告書　書き方・まとめ方

税額控除③未成年者控除、障害者控除

未成年者や障害者がいる場合一定額を差し引ける

未成年者や障害者に対する相続税は軽減される。
それぞれ適用の要件を確認しておく。

未成年の相続人は税額が有利になる

20歳未満の相続人が相続財産を取得した場合は、**未成年者控除により税額が軽減されます**。適用要件は日本国内に住所があることです。ただし、相続人以外の未成年者（遺贈を受けた場合など）は対象外です。

控除額は20歳までの年数について**1年当たり10万円です**。1年未満の端数がある場合は切り上げて計算します（例・5年2か月→6年）。本人の相続税額より控除額が大きい場合、残った控除額は未成年者の扶養義務者（→ひとくちMEMO）が相続人なら、その相続税額から差し引くことができます。

なお、民法の改正により、令和4年4月から成年年齢は18歳になることに注意します。

障害の程度で控除額が変わる

障害のある相続人が相続財産を取得した場合は、障害者控除により税額が軽減されます。適用要件は85歳未満で日本国内に住所があることです。ただし、相続人以外の障害者（遺贈を受けた場合など）は対象外です。

控除額は相続時の年齢によって変わります。85歳までの年数について、**1年当たり一般障害者10万円（特別障害者は20万円）です**。一般障害者とは障害等級3〜6級など、特別障害者とは障害等級1〜2級などの人です。1年未満の端数は切り上げです。未成年者控除と同様に、残った控除額があれば扶養義務者の相続税から差し引くことができます。

> **ひとくちMEMO　扶養義務者**　上記の扶養義務者とは、実際に扶養しているかどうかによらず、本人の戸籍上の配偶者や三親等内の親族（親、祖父母、子、孫、兄弟姉妹など）が該当する。

未成年者控除の控除額の計算

適用を受けられる人
原則日本国内に住所がある20歳未満の相続人。

20歳になるまでの年数			控除額
［　　　　　］年	× 10万円	＝	［　　　　　］円

相続開始日の年齢で計算。
1年未満の端数は切り上げ。

令和4年4月からは成年年齢が18歳となります。注意が必要ですね。

障害者控除の控除額の計算

適用を受けられる人
原則日本国内に住所がある85歳未満で障害のある相続人。

一般障害者の場合

85歳になるまでの年数			控除額
［　　　　　］年	× 10万円	＝	［　　　　　］円

相続開始日の年齢で計算。
1年未満の端数は切り上げ。特別障害者も同様。

特別障害者の場合

85歳になるまでの年数			控除額
［　　　　　］年	× 20万円	＝	［　　　　　］円

税額控除④相次相続控除、外国税額控除

10年に2回以上の相続なら相続税が軽減される

 短期間に相続が続いた場合は相次相続控除、海外の財産なら外国税額控除を受けられることがある。

二度目の相続の税負担を軽くする

　相続が発生してから10年以内（1年未満は切り捨て）に次の相続が発生した場合、相続税額から一定の金額を差し引くことができます。これを**相次相続控除**といいます。最初の相続を「一次相続」、次の相続を「二次相続」といい、相続の間隔が短いほど控除額は大きくなります。相次いで起きた相続による相続税負担を軽減することができます。

　相次相続控除を受けるには、二次相続で亡くなった人が一次相続のとき財産を取得して、相続税を納税している必要があります。また、相続人でない人が遺言書で財産を受け取った場合は対象外です。

　海外にある財産を相続して相続税を納める場合、その国でも相続税に当たる税金が課せられる場合があります。この場合、**外国税額控除により一定額を控除できます。二重課税を避けるための税額控除です。**

　相次相続控除の適用には第7表、外国税額控除の適用には第8表を作成します。

相次相続控除の適用ポイント

今回の相続の10年前までに相続があった　→　亡くなった人が、前回の相続で相続税を納めていた　　相次相続控除を受けられる（相続の間隔が短いほど、控除額は大きくなる）

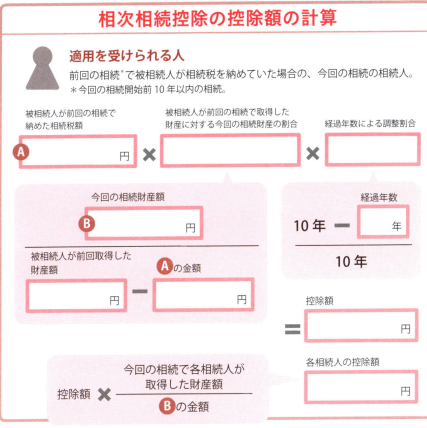

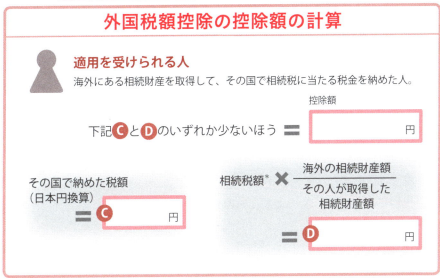

＊ほかの税額控除適用後の金額。

申告書作成の流れ

最終的に第1表と第2表で税額を計算する

まとめ 相続税の申告書は、収集した書類や相続財産の評価をもとに、おおよそ右ページの順序にしたがって作成していく。

作成にはスムーズな順序がある

申告書類は第15表までありますが、必要なものだけ使います。枚数が多いこともあり、**右ページのような順序にしたがって進めることで、スムーズに作成できます。**

まず、相続財産についてそれぞれの明細書を作成します（生命保険金がある場合は第9表、死亡退職金がある場合は第10表、小規模宅地等の特例を受ける場合は第11・11の2表の付表1、債務がある場合は第13表など）。

それぞれの明細書の内容から、第11表で相続財産をまとめます。第11表は「財産目録」の役割を果たします。第15表では、相続財産を種類ごと、取得する人ごとに書き出して、課税される相続財産をあきらかにします。

当てはまる税額控除は、第4表～第8表で計算します。**最終的に第1表、第2表を使って税額（総額および各相続人等の負担額）を計算します。**

作成後は見直してミスなどを防ぐ

申告書を正しく完成させるには、相続財産やその評価額がすべてあきらかで、必要書類がそろっており、遺産分割が完了している必要があります。相続人全員の協力が欠かせません。

作成後は、財産の記入もれや計算間違いはないか、相続人の押印はあるか、誤字・脱字はないか、添付書類にもれはないかなど、よくチェックしておきましょう。

ひとくちMEMO **電子申告** 相続税も令和元年10月から電子申告（e-Tax）ができる。本人確認書類が不要などメリットは多いが、相続人全員のデータをまとめるのは難度が高いため税理士に相談を。

申告書はこの順に作成する

相続財産についてまとめる

生命保険金や死亡退職金を計算する

↓

相続税がかかる財産についてまとめる
- 小規模宅地等の特例の計算は、第11・11の2表の付表1を使う。
- 相続時精算課税制度の計算は、第11の2表を使う。

↓

債務や葬儀費用、相続開始前3年以内の贈与を計算する

↓

相続財産を種類ごと、取得する人ごとにまとめる

税額を計算する

当てはまる税額控除などを計算する

↓

税額を計算する

パート4 相続税の申告書 書き方・まとめ方

167

第9表
「生命保険金などの明細書」

この書式は、相続人などが受け取った生命保険金や損害保険の死亡保険金がある場合に使います。その非課税分について計算・記入します。

1 相続人などが受け取った生命保険金などについて記入する

- 保険金ごとに、保険会社などの所在地、名称、受け取った年月日、金額、受取人の氏名。

相続人以外が受け取った保険金は非課税枠の対象外。1の「受取金額」をそのまま第11表に転記します。

2 非課税限度額を計算・記入する

- 相続人が受け取った保険金には、一定額までの非課税枠がある。非課税の上限（非課税限度額）は「500万円×相続人の数」。
  注・相続人以外は対象外（相続人の数は第2表で確認）。

3 相続人ごとに課税金額を計算・記入する

- 保険金を受け取った相続人ごと*に、受け取った保険金の合計から非課税分を差し引く（課税される金額を算出する）。　*相続放棄をした人は除く。
- 課税金額（③欄）は、第11表に転記する。

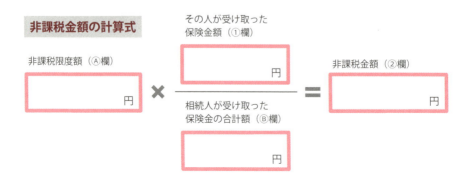

生命保険金などの明細書

被相続人	高橋春雄

第9表（平成21年4月分以降用）

1 相続や遺贈によって取得したものとみなされる保険金など

この表は、相続人やその他の人が被相続人から相続や遺贈によって取得したものとみなされる生命保険金、損害保険契約の死亡保険金及び特定の生命共済金などを受け取った場合に、その受取金額などを記入します。

保険会社等の所在地	保険会社等の名称	受取年月日	受取金額	受取人の氏名
中央区銀座○−○	△△生命保険（株）	X·10·30	20,000,000 円	杉本優子
		· ·		
		· ·		
		· ·		

（注） 1 相続人（相続の放棄をした人を除きます。以下同じです。）が受け取った保険金などのうち一定の金額は非課税となりますので、その人は、次の2の該当欄に非課税となる金額と課税される金額とを記入します。
　　　 2 相続人以外の人が受け取った保険金などについては、非課税となる金額はありませんので、その人は、その受け取った金額そのままを第11表の「財産の明細」の「価額」の欄に転記します。
　　　 3 相続時精算課税適用財産は含まれません。

2 課税される金額の計算

この表は、被相続人の死亡によって相続人が生命保険金などを受け取った

> 500万円 × 3 ＝ 1500万円（Ⓐ欄）

保険金の非課税限度額	［第2表のⓐの法定相続人の数］ （500万円× **3** 人 により計算した金額を右のⒶに記入します。）	Ⓐ 15,000,000 円

保険金などを受け取った相続人の氏名	① 受け取った保険金などの金額	② 非課税金額 $\left(Ⓐ \times \dfrac{各人の①}{Ⓑ}\right)$	③ 課税金額 （①−②）
杉本優子	20,000,000 円	15,000,000 円	5,000,000 円

> 1500万円（Ⓐ欄）× 2000万円（①欄）
> ÷ 2000万円（Ⓑ欄）＝ 1500万円（②欄）
> 2000万円（①欄）− 1500万円（②欄）＝ 500万円（③欄）

合　　計	Ⓑ 20,000,000	15,000,000	5,000,000

（注） 1 Ⓑの金額がⒶの金額より少ないときは、各相続人の①欄の金額がそのまま②欄の非課税金額となりますので、③欄の課税金額は0となります。
　　　 2 ③欄の金額を第11表の「財産の明細」の「価額」欄に転記します。

第9表（令元.7）

（資4−20−10−A4統一）

> **第11表へ**

要 Check

第10表
「退職手当金などの明細書」

この書式は、相続人などが受け取った死亡退職金などがある場合に使います。その非課税分などを計算・記入します。

1 相続人などが受け取った死亡退職金などについて記入する

- 死亡退職金ごとに、会社などの所在地、名称、受け取った年月日、退職金の名称、金額、受取人の氏名。

生命保険金同様、相続人以外が受け取った場合は非課税枠の対象外。1の「受取金額」をそのまま第11表に転記します。

2 非課税限度額を計算・記入する

- 相続人が受け取った死亡退職金には、一定額までの非課税枠がある。非課税の上限（非課税限度額）は「500万円×相続人の数」。
  注・相続人以外は対象外（相続人の数は第2表で確認）。

3 相続人ごとに課税金額を計算・記入する

- 死亡退職金を受け取った相続人ごと*に、受け取った死亡退職金の合計から非課税分を差し引く（課税される金額を求める）。 *相続放棄をした人は除く。
- 課税金額（③欄）は、第11表に転記する。

退職手当金などの明細書

被相続人 | 高橋春雄

第10表（平成21年4月分以降用）

1 相続や遺贈によって取得したものとみなされる退職手当金など

この表は、相続人やその他の人が被相続人から相続や遺贈によって取得したものとみなされる退職手当金、功労金、退職給付金などを受け取った場合に、その受取金額などを記入します。

勤務先会社等の所在地	勤務先会社等の名称	受取年月日	退職手当金などの名称	受 取 金 額	受 取 人 の 氏 名
新宿区新宿○−○	□□産業（株）	X·10·1	退職金	20,000,000 円	高橋秋子
		・ ・			
		・ ・			
		・ ・			
		・ ・			

（注） 1 相続人（相続の放棄をした人を除きます。以下同じです。）が受け取った退職手当金などのうち一定の金額は非課税となりますので、その人は、次の2の該当欄に非課税となる金額と課税される金額とを記入します。
　　　 2 相続人以外の人が受け取った退職手当金などについては、非課税となる金額はありませんので、その人は、その受け取った金額そのままを第11表の「財産の明細」の「価額」の欄に転記します。

2 課税される金額の計算

この表は、被相続人の死亡によって相続人が退職手当金などを受け

> 500万円×3 ＝ 1500万円（Ⓐ欄）

退職手当金などの非課税限度額	［第2表のⒶの法定相続人の数］ （500万円× 3 人 により計算した金額を右のⒶに記入します。）		Ⓐ 15,000,000 円

退職手当金などを受け取った相続人の氏名	① 受 け 取 っ た 退 職 手 当 金 な ど の 金 額	② 非 課 税 金 額 $\left(Ⓐ \times \dfrac{各人の①}{Ⓑ}\right)$	課 税 金 額 （①−②）
高橋秋子	20,000,000 円	15,000,000 円	5,000,000 円
合　　計	Ⓑ 20,000,000	15,000,000	5,000,000

> 1500万円（Ⓐ欄）× 2000万円（①欄）
> ÷ 2000万円（Ⓑ欄）＝ 1500万円（②欄）
> 2000万円（①欄）− 1500万円（②欄）＝ 500万円（③欄）

（注） 1 Ⓑの金額がⒶの金額より少ないときは、各相続人の①欄の金額がそのまま②欄の非課税金額となりますので、③欄の課税金額は0となります。
　　　 2 ③欄の金額を第11表の「財産の明細」の「価額」欄に転記します。

第10表(令元.7)

（資 4 −20−11−A 4 統一）

第11表へ

要 Check

第11・11の2表の付表1「小規模宅地等についての課税価格の計算明細書」

この書式は、小規模宅地等の特例（→132ページ）の適用を受ける場合に使います。

1 特例を受ける人の氏名を記入する

- 宅地が共有の場合、特例の適用には全員の同意が必要。

2 適用を受ける宅地について記入する

- 小規模宅地等の種類を番号で記入する（1＝特定居住用宅地等、2＝特定事業用宅地等、3＝特定同族会社事業用宅地等、4＝貸付事業用宅地等）。
- 特例を受ける人の氏名、宅地の所在地（地番）、宅地の面積、価格（自分の持ち分）。
- 適用を受けられる面積（3 で確認）、対象となる価格（持ち分面積分）、減額される金額、減額後の価格を計算・記入する。
- 減額後の価格（⑧欄）は、第 11 表に転記する。

減額後の価格の計算式（特定居住用宅地等）

宅地の評価額（④欄）　　　　　　　　　　　　　　減額金額（⑦欄）

$$\boxed{A \quad 円} \times 0.8 \left(\frac{80}{100}\right) = \boxed{B \quad 円}$$

減額後の価格（⑧欄）

$$\boxed{A \quad 円} - \boxed{B \quad 円} = \boxed{\quad 円}$$

3 宅地の面積要件を確認する（限度面積要件）

- 特定居住用宅地は 330㎡以下。特定事業用宅地、特定同族会社事業用宅地は 400㎡以下。貸付事業用宅地は 200㎡以下。
- 貸付事業用宅地がある場合の計算は「⑪限度面積㊁」を参照。

小規模宅地等についての課税価格の計算明細書

		F D 3 5 4 9

被相続人	高橋春雄

この表は、小規模宅地等の特例（租税特別措置法第69条の4第1項）の適用を受ける場合に記入します。
なお、被相続人から、相続、遺贈又は相続時精算課税に係る贈与により取得した財産のうちに、「特定計画山林の特例」の対象となり得る財産又は「個人の事業用資産についての相続税の納税猶予及び免除」の対象となり得る宅地等その他一定の財産がある場合には、第11・11の2表の付表2を、「特定事業用資産の特例」の対象となり得る財産がある場合には、第11・11の2表の付表2の2を作成します（第11・11の2表の付表2又は付表2の2を作成する場合には、この表の「1 特例の適用にあたっての同意」欄の記入を要しません。）。
（注）この表の1又は2の各欄に記入しきれない場合には、第11・11の2表の付表1（続）を使用します。

1 特例の適用にあたっての同意

この欄は、小規模宅地等の特例の対象となり得る宅地等を取得した全ての人が次の内容に同意する場合に、その宅地等を取得した全ての人の氏名を記入します。
私（私たち）は、「2 小規模宅地等の明細」の①欄の取得者が、小規模宅地等の特例の適用を受けるものとして選択した宅地等又はその一部（「2 小規模宅地等の明細」の⑤欄で選択した宅地等）の全てが限度面積要件を満たすものであることを確認の上、その取得者が小規模宅地等の特例の適用を受けることに同意します。

氏名	高橋秋子		

（注）小規模宅地等の特例の対象となり得る宅地等を取得した全ての人の同意がなければ、この特例の適用を受けることはできません。

2 小規模宅地等の明細

この欄は、小規模宅地等の特例の対象となり得る宅地等を取得した人のうち、その特例の適用を受ける人が選択した小規模宅地等の明細等を記載し、相続税の課税価格に算入する価額を計算します。

「小規模宅地等の種類」欄は、選択した小規模宅地等の種類に応じて次の1～4の番号を記入します。
小規模宅地等の種類：1 特定居住用宅地等、2 特定事業用宅地等、3 特定同族会社事業用宅地等、4 貸付事業用宅地等

選択した小規模宅地等	小規模宅地等の種類 1～4の番号を記入します。	① 特例の適用を受ける取得者の氏名〔事業内容〕 ② 所在地番 ③ 取得者の持分に応ずる宅地等の面積 ④ 取得者の持分に応ずる宅地等の価額	⑤ ③のうち小規模宅地等（「限度面積要件」を満たす宅地等）の面積 ⑥ ④のうち小規模宅地等（④×⑤/③）の価額 ⑦ 課税価格の計算に当たって減額される金額（⑥×⑨） ⑧ 課税価格に算入する価額（④－⑦）
	1	① 高橋秋子 〔 〕	⑤ 200.00 ㎡
		② 世田谷区世田谷○－○	⑥ 30000000 円
		③ 200.00 ㎡	⑦ 24000000 円
		④ 30000000 円	⑧ 6000000 円
		① 〔 〕	⑤ ㎡
		②	⑥ 円
		③ ㎡	⑦ 円
		④ 円	⑧ 円
		① 〔 〕	⑤ ㎡
		②	⑥ 円
		③ ㎡	⑦ 円
		④ 円	⑧ 円

3000万円（④欄）× 0.8 ＝ 2400万円（⑦欄）
3000万円－ 2400万円 ＝ 600万円（⑧欄）

第11表へ

（注）1 ①欄の「〔 〕」は、選択した小規模宅地等が被相続人等の事業用宅地等（2、3又は4）である場合に、相続開始の直前にその宅地等の上で行われていた被相続人等の事業について、例えば、飲食サービス業、法律事務所、貸家などのように具体的に記入します。
2 小規模宅地等を選択する一の宅地等が共有である場合又は一の宅地等が貸家建付地である場合において、その評価額の計算上「賃貸割合」が1でないときには、第11・11の2表の付表1（別表1）を作成します。
3 小規模宅地等を選択する宅地等が、配偶者居住権に基づく敷地利用権又は配偶者居住権の目的となっている建物の敷地の用に供される宅地等である場合には、第11・11の2表の付表1（別表1の2）を作成します。
4 ⑥欄の金額を第11表の「財産の明細」の「価額」欄に転記します。

「限度面積要件」の判定

上記「2 小規模宅地等の明細」の⑤欄で選択した宅地等の全てが限度面積要件を満たすものであることを、この表の各欄を記入することにより判定します。

小規模宅地等の区分	被相続人等の居住用宅地等	被相続人等の事業用宅地等		
小規模宅地等の種類	1 特定居住用宅地等	2 特定事業用宅地等	3 特定同族会社事業用宅地等	4 貸付事業用宅地等
⑨ 減額割合	80/100	80/100	80/100	50/100
⑩ ⑤の小規模宅地等の面積の合計	200.00 ㎡	㎡	㎡	㎡
⑪ 限度面積 イ 小規模宅地等のうちに4貸付事業用宅地等がない場合	[1]の⑩の面積 200.00 ≦330㎡	[2]の⑩及び[3]の⑩の面積の合計 ㎡ ≦ 400㎡		
⑪ 限度面積 ロ 小規模宅地等のうちに4貸付事業用宅地等がある場合	[1]の⑩の面積 ㎡ × 200/330	[2]の⑩＋[3]の⑩の面積の合計 ㎡ × 200/400 ＋	[4]の⑩の面積 ㎡ ≦ 200㎡	

（注）限度面積は、小規模宅地等の種類（「4 貸付事業用宅地等」の選択の有無）に応じて、⑪（イ又はロ）により判定を行います。「限度面積要件」を満たす場合に限り、この特例の適用を受けることができます。

※ 税務署整理欄	申告 年分				名簿 番号				申告 年月日				一連 番号				グループ 番号				補完	

第11・11の2表の付表1（令2.7）

（資4－20－12－3－1－A4統一）

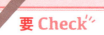

要 Check

第11の2表
「相続時精算課税適用財産の明細書・相続時精算課税分の贈与税額控除額の計算書」

この書式は、相続時精算課税制度を利用した贈与がある場合に使います。贈与税額が相続税額より多ければ、還付される場合もあります。

1 相続時精算課税制度を利用した贈与について計算・記入する

- 贈与された人の氏名、贈与を受けた年、贈与税の申告書を提出した税務署名、贈与金額、納めた贈与税額など。
- 贈与された人ごとに、贈与金額、贈与税額をそれぞれ合計する。
- 合計した贈与金額は第1表、第15表に転記する。合計した贈与税額は第1表に転記する。

> **POINT**
> 相続時精算課税制度利用で贈与された金額は、相続財産に加えて相続税を計算する。
> 相続税額からは、贈与時に納めた贈与税額を差し引くことができる(この金額がマイナスなら還付される)。

2 相続時精算課税制度を利用した贈与の明細を記入する

- 1欄の番号、贈与を受けた人の氏名、贈与年月日、贈与財産の明細(贈与税の申告をした際の第2表をもとに記入する)。

相続時精算課税適用財産の明細書
相続時精算課税分の贈与税額控除額の計算書

被相続人 **菊池和夫**

第11の2表（令和2年4月分以降用）

この表は、被相続人から相続時精算課税に係る贈与によって取得した財産（相続時精算課税適用財産）がある場合に記入します。

1 相続税の課税価格に加算する相続時精算課税適用財産の課税価格及び納付すべき相続税額から控除すべき贈与税額の明細

番号	① 贈与を受けた人の氏名	② 贈与を受けた年分	③ 贈与税の申告書を提出した税務署の名称	④ その年分に被相続人から相続時精算課税に係る贈与を受けた財産の価額の合計額（課税価格）	⑤ ④の財産に係る贈与税額（贈与税の外国税額控除前の金額）	⑥ ⑤のうち贈与税額に係る外国税額控除額
1	菊池一平	平成○年分	横浜税務署	30,000,000円	1,000,000円	円
2						
3						
4						
5						
6						

> 3000万円（④欄）－ 2500万円（相続時精算課税制度の控除分）＝ 500万円
> 500万円× 20%（一律の税率→ 34ページ）＝ 100万円（⑤欄）

贈与を受けた人ごとの相続時精算課税適用財産の課税価格及び贈与税額の合計額	氏名	（各人の合計）	菊池一平			
	⑦ 課税価格の合計額（④の合計額）	30,000,000円	30,000,000円	円	円	円
	⑧ 贈与税額の合計額（⑤の合計額）	1,000,000	1,000,000			
	⑨ ⑧のうち贈与税額に係る外国税額控除額の合計額（⑥の合計額）					

(注)
1. 相続時精算課税に係る贈与をした被相続人がその贈与をした年の中途に死亡した場合の③欄は「相続時精算課税選択届出書を提出した税務署の名称」を記入してください。
2. ④欄の金額は、下記2の③の「価額」欄の金額に基づき記入します。
3. 各人の⑦欄の金額を第1表のその人の「相続時精算課税適用財産の価額②」欄及び第15表のその人の㉛欄にそれぞれ転記します。
4. 各人の⑧欄の金額を第1表のその人の「相続時精算課税分の贈与税額控除額⑳」欄に転記します。

2 相続時精算課税適用財産（1の④）の明細

（上記1の「番号」欄の番号に合わせて記入します。）

番号	① 贈与を受けた人の氏名	② 贈与年月日	③ 相続時精算課税適用財産の明細					
			種類	細目	利用区分、銘柄等	所在場所等	数量	価額
1	菊池一平	○.5.4	現金預貯金等		定期預金	ABC銀行○○支店		30,000,000円

(注)
1. この明細は、被相続人である特定贈与者に係る贈与税の申告書第2表に基づき記入します。
2. ③の「価額」欄には、被相続人である特定贈与者に係る贈与税の申告書第2表の「財産の価額」欄の金額を記入します。ただし、特定事業用資産の特例の適用を受ける場合には、第11・11の2表の付表3の⑦欄の金額と⑦欄の金額に係る第11・11の2表の付表3の②の金額の合計額を、特定計画山林の特例の適用を受ける場合には、第11・11の2表の付表4の「2 特定受贈森林経営計画対象山林である選択特定計画山林の明細」の④欄の金額を記入します。

第11の2表（令2.7）

(資4－20－12－2－A4統一)

注・この記載例の金額等は、他ページの申告書とリンクしていません。

パート4 相続税の申告書 書き方・まとめ方

175

要 Check

第11表
「相続税がかかる財産の明細書」

相続財産の内容と金額を記入した上で、
相続人ごとに取得した財産の金額をまとめます。

1 相続財産の分割状況を記入する

- 相続財産の分割状況を選び（すべて分割確定か、一部確定か、すべて未定か）、その年月日を記入する。

2 種類ごとに、相続財産を記入する

- 種類とその明細等、それぞれ取得した人の氏名、取得財産の価額。
- 種類、細目、利用区分、銘柄等の書き方は、「相続税の申告のしかた」（国税庁）の記載例等を参照。
- 種類、細目ごとに金額を合計して記入する（種類の合計は「計」、細目の合計は「小計」を使う）。
- 土地などはそれぞれ評価明細書を作成して、そこから記入するとよい。

> **POINT**
> 小規模宅地等の特例を受けた不動産、非課税枠の適用を受けた生命保険金や死亡退職金は、適用後の金額を記入する。

3 相続人ごとに、取得した財産とその合計額を記入する

1枚で書ききれない場合は、第11表を複数枚使用します。ただし、3の合計表は最後の1枚の欄でまとめます（他は空欄）。

相続税がかかる財産の明細書
（相続時精算課税適用財産を除きます。）

被相続人　**高橋春雄**

第11表（令和2年4月分以降用）

○ この表は、相続や遺贈によって取得した財産及び相続や遺贈によって取得したものとみなされる財産のうち、相続税のかかるものについての明細を記入します。

遺産の分割状況	区　分	① 全 部 分 割	2 一 部 分 割	3 全 部 未 分 割
	分割の日	○ ・ 3 ・10	・ ・	

○相続時精算課税適用財産の明細については、この表によらず第11の2表に記載します。

財　産　の　明　細							分割が確定した財産	
種類	細目	利用区分、銘柄等	所在場所等	数量 固定資産税評価額	単価 倍数	価額	取得した人の氏名	取得財産の価額
土地	宅地	自用地 （居住用）	世田谷区 世田谷○－○	200㎡	(11・11の2表の付表1の通り)	円 6,000,000	高橋秋子	円 6,000,000
[計]						[6,000,000]		
家屋	家屋	自用家屋 （木造・居宅）	世田谷区 世田谷○－○	100㎡ 16,000,000	1.0	16,000,000	高橋秋子	16,000,000
[計]						[16,000,000]		
有価証券	上記以外の株式	○○建設（株）	XY証券 ○○支店	5000株	4,000 （東証）	20,000,000	高橋一郎	20,000,000
[計]						[20,000,000]		
現金預貯金等		普通預金	ABC銀行 ○○支店			4,000,000	杉本優子	4,000,000
現金預貯金等		定期預金	ABC銀行 ○○支店			10,000,000	高橋一郎	10,000,000
[計]						[14,000,000]		
その他の財産	生命保険等					5,000,000	杉本優子	5,000,000
（小計）						(5,000,000)		
その他の財産	退職手当金等					5,000,000	高橋秋子	5,000,000
（小計）						(5,000,000)		
[計]						[10,000,000]		
[合計]						[66,000,000]		**第15表へ**

合計表	財産を取得した人の氏名	（各人の合計）	高橋秋子	高橋一郎	杉本優子		
	分割財産の価額　①	66,000,000 円	27,000,000 円	30,000,000 円	9,000,000 円	円	円
	未分割財産の価額　②						
	各人の取得財産の価額（①＋②）③	66,000,000	27,000,000	30,000,000	9,000,000		**第1表へ**

（注） 1 「合計表」の各人の③欄の金額を第1表のその人の「取得財産の価額①」欄に転記します。
　　　 2 「財産の明細」の「価額」欄は、財産の細目、種類ごとに小計及び計を付し、最後に合計を付して、それらの金額を第15表の①から㉝までの該当欄に転記します。

第11表（令2.7）

（資4－20－12－1－A4統一）

パート4　相続税の申告書　書き方・まとめ方

要Check

第13表 「債務及び葬式費用の明細書」

亡くなった人の債務（マイナスの財産）や葬儀費用がある場合に使います。
これらの金額は、相続税の計算で相続財産から差し引くことができます。

1 債務について記入する

- 債務の明細（種類や細目、債権者、弁済期限、金額など）を記入する。金額は合計する。
- それぞれの債務を負担する人の氏名、金額を記入する。

債務の種類と細目

種類	細目	種類	細目
公租公課（税金）	税金の種類（所得税、固定資産税など）とその年度	買掛金	記入不要
銀行借入金	当座貸越、証書借入れ、手形借入れなど	その他	それぞれの債務内容
未払金	医療費、クレジットカード代金など		

2 葬儀の費用について記入する

- 葬式にかかった費用の明細（支払先、支払った年月日、金額）を記入して合計する。
- それぞれの費用を負担する人の氏名、負担金額を記入する。

3 1と2を合計する

- それぞれ負担する人ごとに、債務、葬式費用で負担する金額を記入する。これらの金額は第15表に転記する。
- 債務と葬式費用を合計する。合計額は第1表に転記する。

債務及び葬式費用の明細書

被相続人 **高橋春雄**

第13表 〈令和2年4月分以降用〉

1 債務の明細　(この表は、被相続人の債務について、その明細と負担する人の氏名及び金額を記入します。)

債務の明細						負担することが確定した債務	
種類	細目	債権者		発生年月日	金額	負担する人の氏名	負担する金額
		氏名又は名称	住所又は所在地	弁済期限			
銀行借入金	証書借入れ	ABC銀行○○支店	世田谷区砧○−○	X・3・1 / X・6・1	4,000,000 円	高橋一郎	4,000,000
				・・			
				・・			
				・・			
				・・			
				・・			
				・・			
				・・			
				・・			
合　計					4,000,000		

2 葬式費用の明細　この表は、被相続人の葬式に要した費用について、その明細と負担する人の氏名及び金額を記入します。

葬式費用の明細				負担することが確定した葬式費用	
支払先		支払年月日	金額	負担する人の氏名	負担する金額
氏名又は名称	住所又は所在地				
△△寺	世田谷区大蔵○−○	×・10・20	800,000 円	高橋秋子	800,000 円
○○商店	世田谷区大蔵○−○	×・10・20	100,000	〃	100,000
□□葬祭社	世田谷区世田谷○−○	×・10・20	1,000,000	〃	1,000,000
その他	別紙の通り	×・10・20	100,000	〃	100,000
		・・			
合　計			2,000,000		

3 債務及び葬式費用の合計額

債務などを承継した人の氏名		(各人の合計)	高橋一郎	高橋秋子		
債務	負担することが確定した債務 ①	4,000,000 円	4,000,000 円	円	円	円
	負担することが確定していない債務 ②					
	計 (①+②) ③	4,000,000	4,000,000			
葬式費用	負担することが確定した葬式費用 ④	2,000,000		2,000,000		
	負担することが確定していない葬式費用 ⑤					第15表へ
	計 (④+⑤) ⑥	2,000,000		2,000,000		
合　計 (③+⑥) ⑦		6,000,000	4,000,000	2,000,000		第1表へ

(注) 1　各人の⑦欄の金額を第1表のその人の「債務及び葬式費用の金額③」欄に転記します。
　　　2　③、⑥及び⑦欄の金額を第15表の㉝、㉞及び㉟欄にそれぞれ転記します。

第13表(令2.7)

第15表へ

(資4−20−14−A4統一)

パート **4**

相続税の申告書　書き方・まとめ方

179

第 14 表
「純資産価額に加算される暦年課税分の贈与財産価額及び特定贈与財産価額・出資持分の定めのない法人などに遺贈した財産・特定の公益法人などに寄附した相続財産・特定公益信託のために支出した相続財産の明細書」

この書式は、相続開始前 3 年以内に贈与を受けた人がいる場合には上段、財産を遺贈・寄附した場合に下段を使います。

1 相続開始前 3 年以内の贈与（生前贈与財産）について記入する

- 贈与を受けた人の氏名、贈与の年月日、贈与財産の明細（種類や細目*1、所在地等*2、数量、金額）、相続財産に加算される金額を記入する。
- 贈与を受けた人ごとに合計する。

    *1 第 11 表と同様に「相続税の申告のしかた」（国税庁）の記載例等を参照。
    *2 現金の場合は贈与者（亡くなった人）の住所。

2 特定贈与財産について確認する

- 1 の贈与に、特定贈与財産（贈与税の配偶者控除〈→ 220 ページ〉の適用を受けた財産）がある場合、その氏名と番号を記入する（相続開始前 3 年以内の贈与財産に含めない）。

3 相続財産を遺贈・寄附した場合に記入する

- 種類、細目、金額などの明細。遺贈・寄附をした法人などの所在地・名称。
- この欄に記載した金額は第 11 表に転記しない。

純資産価額に加算される暦年課税分の
贈与財産価額及び特定贈与財産価額
出資持分の定めのない法人などに遺贈した財産
特定の公益法人などに寄附した相続財産・
特定公益信託のために支出した相続財産 **の明細書**

被相続人 **高橋春雄**

第14表 〈令和2年4月分以降用〉

1 純資産価額に加算される暦年課税分の贈与財産価額及び特定贈与財産価額の明細

この表は、相続、遺贈や相続時精算課税に係る贈与によって財産を取得した人(注)が、その相続開始前3年以内に被相続人から暦年課税に係る贈与によって取得した財産がある場合に記入します。

(注) 被相続人から租税特別措置法第70条の2の2(直系尊属から教育資金の一括贈与を受けた場合の贈与税の非課税)第10項第2号に規定する管理残額及び同法第70条の2の3(直系尊属から結婚・子育て資金の一括贈与を受けた場合の贈与税の非課税)第10項第2号に規定する管理残額以外の財産を取得しなかった人(その人が被相続人から相続時精算課税に係る贈与によって財産を取得している場合を除きます。)は除きます。

| 番号 | 贈与を受けた人の氏名 | 贈与年月日 | 相続開始前3年以内に暦年課税に係る贈与を受けた財産の明細 | | | | | ②①の価額のうち特定贈与財産の価額 | ③相続税の課税価格に加算される価額(①－②) |
			種類	細目	所在場所等	数量	①価額		
1	杉本優子	X・12・1	現金預貯金等	現金	東京都世田谷区世田谷○・○		2,000,000 円	円	2,000,000 円
2	〃	X・3・15	〃	〃	〃		2,000,000		2,000,000
3									
4									

贈与を受けた人ごとの③欄の合計額	氏名	(各人の合計)	杉本優子		
	④金額	4,000,000 円	4,000,000 円	円	円

上記「②」欄において、相続開始の年に被相続人から贈与によって取得した居住用不動産や金銭の全部又は一部を特定贈与財産としている場合には、次の事項について、**第1表、第15表へ**の欄に所定の記入をすることにより確認します。

（受贈配偶者）　　　　　　　　　　　　　　　　　　　　　（受贈財産の番号）

私　　　　　　　　は、相続開始の年に被相続人から贈与によって取得した上記　　　の特定贈与財産の価額については贈与税の課税価格に算入します。

なお、私は、相続開始の年の前年以前に被相続人からの贈与について相続税法第21条の6第1項の規定の適用を受けていません。

(注) ④欄の金額を第1表のその人の「純資産価額に加算される暦年課税分の贈与財産価額⑤」欄及び第15表の⑳欄にそれぞれ転記します。

2 出資持分の定めのない法人などに遺贈した財産の明細

この表は、被相続人が人格のない社団又は財団や学校法人、社会福祉法人、宗教法人などの出資持分の定めのない法人に遺贈した財産のうち、相続税がかからないものの明細を記入します。

| 遺贈した財産の明細 | | | | | 出資持分の定めのない法人などの所在地、名称 |
種類	細目	所在場所等	数量	価額	
				円	
		合計			

3 特定の公益法人などに寄附した相続財産又は特定公益信託のために支出した相続財産の明細

私は、下記に掲げる相続財産を、相続税の申告期限までに、

(1) 国、地方公共団体又は租税特別措置法施行令第40条の3に規定する法人に対して寄附をしましたので、租税特別措置法第70条第1項の規定の適用を受けます。

(2) 租税特別措置法施行令第40条の4第3項の要件に該当する特定公益信託の信託財産とするために支出しましたので、租税特別措置法第70条第3項の規定の適用を受けます。

(3) 特定非営利活動促進法第2条第3項に規定する認定特定非営利活動法人に対して寄附をしましたので、租税特別措置法第70条第10項の規定の適用を受けます。

| 寄附(支出)年月日 | 寄附(支出)した財産の明細 | | | | | 公益法人等の所在地・名称(公益信託の受託者及び名称) | 寄附(支出)をした相続人等の氏名 |
	種類	細目	所在場所等	数量	価額		
・　・					円		
・　・							
			合計				

(注) この特例の適用を受ける場合には、期限内申告書に一定の受領書、証明書類等の添付が必要です。

第14表(令2.7)

(資4-20-15-A4統一)

要 Check

第15表
「相続財産の種類別価額表」

種類ごと／相続人ごとの相続財産を一覧にします。
主に第11表、第13表、第14表からの転記により作成します。

1 相続人ごとに、取得した財産を記入する

- 第11表〜第14表から該当欄に転記する。
- 転記した財産の金額を合計する（負担する債務等があれば差し引く）。
- 相続人が2人以上いる場合は、2人目以降は第15表（続）を使用する。

2 相続財産ごとに合計する

- 各相続人の相続財産の金額を、種類ごとに合計していく。
- すべてを合計して課税価格を求める（1000円未満切り捨て）。

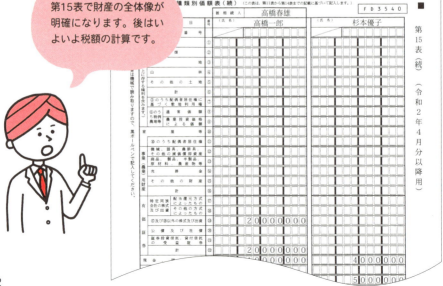

第15表で財産の全体像が明確になります。後はいよいよ税額の計算です。

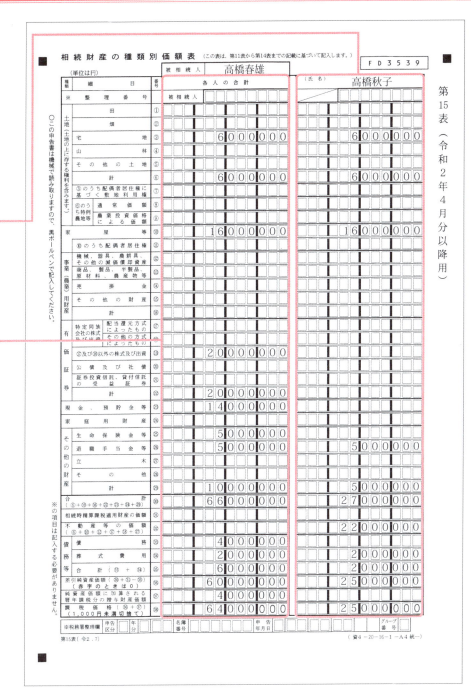

注・令和2年4月分以降用から、配偶者居住権に関する記入欄が設けられている。

要Check

第4表
「相続税額の加算金額の計算書」

この書式は、相続税の2割加算（→156ページ）などがある場合に使用します。

1 2割加算の対象者とその加算額などを計算・記入する

- 2割加算の対象者の氏名、それぞれの相続税額（税額控除前のもの。第1表で確認）などを記入する。
- 加算金額を計算・記入する。この金額は第1表に転記する。

計算式

対象者の相続税額（①欄など）　　　　　　　　　　　加算額（⑦欄）

| 　　　　　　　円 | × 0.2 = | 　　　　　　　円 |

2割加算の対象になる人の例
被相続人の一親等の血族と配偶者以外。

兄弟姉妹

おい、めい

内縁の妻や
愛人など（遺贈）

孫
（代襲相続の場合を除く）

孫養子
（被相続人の
養子になった孫）

注・この記載例の金額等は、
　　他ページの申告書とリンクしていません。

第4表の2
「暦年課税分の贈与税額控除額の計算書」

この書式は、贈与税額控除（暦年課税分→32ページ）の適用を受けられる場合に使います。相続開始3年前までの贈与について計算・記入します。

1 相続開始の前年分の暦年課税分の贈与税額控除を計算・記入する

- 暦年課税の贈与税額控除を受ける人ごとに、氏名、申告した税務署、贈与された金額、納めた贈与税額を記入・合計する。
- 特例贈与財産*、一般贈与財産により記入欄が異なるので注意。

　*父母や祖父母から20歳以上の子・孫に贈与された財産。贈与税の税率が異なる（→219ページ）。

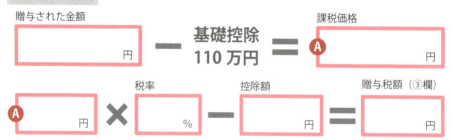

2 前々年分を計算・記入する

- 1と同様に記入する。

3 前々々年分を計算・記入する

- 1と同様に記入する。

4 それぞれの人ごとに合計する

- 合計額は、それぞれ第1表に転記する。

暦年課税分の贈与税額控除額の計算書

被相続人	高橋春雄

第4表の2
（平成31年1月分以降用）

この表は、第14表の「1 純資産価額に加算される暦年課税分の贈与財産価額及び特定贈与財産価額の明細」欄に記入した財産のうち相続税の課税価格に加算されるものについて、贈与税が課税されている場合に記入します。

	控除を受ける人の氏名		杉本優子		

	贈与税の申告書の提出先		世田谷 税務署		

被相続人から暦年課税に係る贈与によって租税特別措置法第70条の2の5第1項の規定の適用を受け

相続開始の年の前年分（令和○年分）	相続開始の年の前年中に暦年課税に係る贈与によって取得した特例贈与財産の価額の合計額	①	2,000,000	円
	①のうち被相続人から暦年課税に係る贈与によって取得した特例贈与財産の価額の合計額（贈与税額の計算の基礎となった価額）	②	2,000,000	
	その年分の暦年課税分の贈与税額（裏面の「2」参照）	③	90,000	
	控除を受ける贈与税額（特例贈与財産分）（③×②÷①）	④	90,000	

被相続人以外からの贈与を含む。

200万円－110万円
＝90万円
90万円×0.1＝9万円

他の人からの贈与に対する贈与税がある場合は、その分を除くことになる。

被相続人から暦年課税に係る贈与によって租税特別措置法第70条の2の5第1項の規定の適用を受けない財産（一般贈与財産）を取得した場合

	相続開始の年の前年中に暦年課税に係る贈与によって取得した一般贈与財産の価額の合計額（贈与財産の配偶者控除後の金額）	⑤		円
	⑤のうち被相続人から暦年課税に係る贈与によって取得した一般贈与財産の価額の合計額（贈与税額の計算の基礎となった価額）	⑥		
	その年分の暦年課税分の贈与税額（裏面の「2」参照）	⑦		
	控除を受ける贈与税額（一般贈与財産分）（⑦×⑥÷⑤）	⑧		

	贈与税の申告書の提出先		税務署	税務署	税務署

被相続人から暦年課税に係る贈与によって租税特別措置法第70条の2の5第1項の規定の適用を受ける財産（特例贈与財産）を取得した場合

相続開始の年の前々年分（令和○年分）	相続開始の年の前々年中に暦年課税に係る贈与によって取得した特例贈与財産の価額の合計額	⑨		円		
	⑨のうち被相続人から暦年課税に係る贈与によって取得した特例贈与財産の価額の合計額（贈与税額の計算の基礎となった価額）	⑩				
	その年分の暦年課税分の贈与税額（裏面の「2」参照）	⑪				
	控除を受ける贈与税額（特例贈与財産分）（⑪×⑩÷⑨）	⑫				

被相続人から暦年課税に係る贈与によって租税特別措置法第70条の2の5第1項の規定の適用を受けない財産（一般贈与財産）を取得した場合

	相続開始の年の前々年中に暦年課税に係る贈与によって取得した一般贈与財産の価額の合計額（贈与財産の配偶者控除後の金額）	⑬		円		
	⑬のうち被相続人から暦年課税に係る贈与によって取得した一般贈与財産の価額の合計額（贈与税額の計算の基礎となった価額）	⑭				
	その年分の暦年課税分の贈与税額（裏面の「3」参照）	⑮				
	控除を受ける贈与税額（一般贈与財産分）（⑮×⑭÷⑬）	⑯				

	贈与税の申告書の提出先		世田谷 税務署	税務署	税務署

被相続人から暦年課税に係る贈与によって租税特別措置法第70条の2の5第1項の規定の適用を受ける財産（特例贈与財産）を取得した場合

相続開始の年の前々年分（令和○年分）	相続開始の年の前々年中に暦年課税に係る贈与によって取得した特例贈与財産の価額の合計額	⑰	2,000,000	円		
	⑰のうち相続開始の日から遡って3年前の日以後に被相続人から暦年課税に係る贈与によって取得した特例贈与財産の価額の合計額（贈与税額の計算の基礎となった価額）	⑱	2,000,000			
	その年分の暦年課税分の贈与税額（裏面の「2」参照）	⑲	90,000			
	控除を受ける贈与税額（特例贈与財産分）（⑲×⑱÷⑰）	⑳	90,000			

被相続人から暦年課税に係る贈与によって租税特別措置法第70条の2の5第1項の規定の適用を受けない財産（一般贈与財産）を取得した場合

	相続開始の年の前々年中に暦年課税に係る贈与によって取得した一般贈与財産の価額の合計額（贈与財産の配偶者控除後の金額）	㉑		円		
	㉑のうち相続開始の日から遡って3年前の日以後に被相続人から暦年課税に係る贈与によって取得した一般贈与財産の価額の合計額（贈与税額の計算の基礎となった価額）	㉒				
	その年分の暦年課税分の贈与税額（裏面の「3」参照）	㉓				
	控除を受ける贈与税額（一般贈与財産分）（㉓×㉒÷㉑）	㉔				

暦年課税分の贈与税額控除額計（④＋⑧＋⑫＋⑯＋⑳＋㉔）	180,000	円	円

（注）各人の㉕欄の金額を第1表のその人の「暦年課税分の贈与税額控除額」欄に転記します。

第4表の2（令元.7）

（資4-20-5-3-A4統一）

第1表へ

パート4 相続税の申告書 書き方・まとめ方

要Check

第5表「配偶者の税額軽減額の計算書」

この書式は、配偶者の税額軽減（→160ページ）の
適用を受ける場合に使います。

1 配偶者の税額軽減の金額を計算・記入する

- 配偶者の法定相続分相当額を計算する（㋑欄）。
- 第11表①の配偶者の金額から負担した債務や葬儀費用を差し引いて、実際に配偶者が取得した相続財産の金額（課税価格）を計算する（⑥欄）。
- 相続税の総額（⑦欄）、㋑欄と⑥欄のいずれか少ないほうの金額（⑧欄）、相続財産の金額（⑨欄）を記入して、軽減額の上限を計算する（⑩欄）。
- 実際の軽減額を計算する（㋺欄。※計算式は161ページ）。
この金額は第1表に転記する。

2 配偶者以外に農業相続人がいる場合に記入する

- 農業相続人とは農地を相続して農業を営む人。

相続財産の分割方法が確定していないと、この表の配偶者の税額軽減の適用は受けられないんですね…

配偶者の税額軽減額の計算書

被相続人 **高橋春雄**

第5表（平成21年4月分以降用）

私は、相続税法第19条の2第1項の規定による配偶者の税額軽減の適用を受けます。

1 一般の場合
（この表は、①被相続人から相続、遺贈や相続時精算課税に係る贈与によって財産を取得した人のうちに農業相続人がいない場合又は②配偶者が農業相続人である場合に記入します。）

課税価格の合計額のうち配偶者の法定相続分相当額	（第1表の④の金額）　[配偶者の法定相続分]　　　　　円 64,000,000円 × $\frac{1}{2}$ = 32,000,000 円 上記の金額が16,000万円に満たない場合には、16,000万円	⑦※　　　　　円 160,000,000	

配偶者の税額軽減額を計算する場合の課税価格	①分割財産の価額（第11表の配偶者の①の金額）	分割財産の価額から控除する債務及び葬式費用の金額		⑤純資産価額に加算される暦年課税分の贈与財産価額（第1表の配偶者の⑤の金額）	⑥（①－④+⑤）の金額（⑤の金額より小さいときは⑤の金額）（1,000円未満切捨て）
		②債務及び葬式費用の金額（第11表の配偶者の③の金額）	③未分割財産の価額（第11表の配偶者の②の金額）	④（②－③）の金額（③の金額が②の金額より大きいときは0）	
円 27,000,000	円 2,000,000	円	円	円 2,000,000	※　　　　円 25,000,000

⑦相続税の総額（第1表の⑦の金額）	⑧④の金額と⑥の金額のうちいずれか少ない方の金額	⑨課税価格の合計額（第1表の④の金額）	⑩配偶者の税額軽減の基となる金額（⑦×⑧÷⑨）
円 1,600,000	円 25,000,000	円 64,000,000	円 625,000

配偶者の税額軽減の限度額	（第1表の配偶者の⑨又は⑩の金額）（第1表の配偶者の⑫の金額） (624,000 円 － 0 円)	⑪ 624,000

配偶者の税額軽減額	⑩の金額と⑪の金額のうちいずれか少ない方の金額	Ⓐ 624,000

（注）Ⓐの金額を第1表の配偶者の「配偶者の税額軽減額⑬」欄に転記します。

> 160万円（⑦欄）× 2500万円（⑧欄）
> ÷ 6400万円（⑨欄）= 62万5000円（⑩欄）
> 62万5000円（⑩欄）> 62万4000円（⑪欄）
> 配偶者の税額軽減額は62万4000円（Ⓐ欄）

第1表へ

2 配偶者以外の人が農業相続人である場合
（この表は、被相続人から相続、遺贈や相続時精算課税に係る贈与によって財産を取得した人のうちに、配偶者以外の人が農業相続人である場合に記入します。）

課税価格の合計額のうち配偶者の法定相続分相当額	（第3表の④の金額）　[配偶者の法定相続分]　　　　　円 円 × = 円 上記の金額が16,000万円に満たない場合には、16,000万円	⑪※　　　　　円	

配偶者の税額軽減額を計算する場合の課税価格	①分割財産の価額（第11表の配偶者の①の金額）	分割財産の価額から控除する債務及び葬式費用の金額		⑮純資産価額に加算される暦年課税分の贈与財産価額（第1表の配偶者の⑤の金額）	⑯（⑪－⑭+⑮）の金額（⑮の金額より小さいときは⑮の金額）（1,000円未満切捨て）
		⑫債務及び葬式費用の金額（第11表の配偶者の③の金額）	⑬未分割財産の価額（第11表の配偶者の②の金額）	⑭（⑫－⑬）の金額（⑬の金額が⑫の金額より大きいときは0）	
円	円	円	円	円	※　　　　,000

⑰相続税の総額（第3表の⑦の金額）	⑱⑯の金額と⑯の金額のうちいずれか少ない方の金額	⑲課税価格の合計額（第3表の④の金額）	⑳配偶者の税額軽減の基となる金額（⑰×⑱÷⑲）
円 00	円	円 ,000	円

配偶者の税額軽減の限度額	（第1表の配偶者の⑩の金額）（第1表の配偶者の⑫の金額） (円 － 円)	Ⓑ 円

配偶者の税額軽減額	⑳の金額とⒷの金額のうちいずれか少ない方の金額	Ⓒ 円

（注）Ⓒの金額を第1表の配偶者の「配偶者の税額軽減額⑬」欄に転記します。

※ 相続税法第19条の2第5項（隠蔽又は仮装があった場合の配偶者の相続税額の軽減の不適用）の規定の適用があるときには、「課税価格の合計額のうち配偶者の法定相続分相当額」の（第1表の④の金額）、⑤、⑦、⑨、「課税価格の合計額のうち配偶者の法定相続分相当額」の（第3表の④の金額）、⑯、⑰及び⑲の各欄は、第5表の付表で計算した金額を転記します。

第5表(令元.7)

(資4−20−6−1−A4統一)

要 Check

第6表
「未成年者控除額・障害者控除額の計算書」

この書式は、未成年者控除・障害者控除（→162ページ）の適用を受ける場合に使います。

1 未成年者控除の金額を計算・記入する

- 対象者（20歳未満）の氏名、年齢を記入する。
- 控除額を計算・記入する（②欄）。未成年者の本来の相続税額を記入する（③欄）。
- ②欄の金額と③欄の金額のいずれか少ないほうが控除される。この金額は第1表に転記する。

POINT
未成年者控除の額より税額が少なく控除額が残っている場合は、扶養義務者の相続税からその分を差し引くことができる。

2 障害者控除の金額を計算・記入する

- 対象者の氏名、年齢を記入する。
- 控除額を計算・記入する（②欄）。障害者の本来の相続税額を記入する（③欄）。
- ②欄の金額と③欄の金額のいずれか少ないほうが控除される。この金額は第1表に転記する。

POINT
障害者控除の額より税額が少なく控除額が残っている場合は、扶養義務者の相続税からその分を差し引くことができる。

未成年者控除額 障害者控除額 の 計算書

被相続人　原田義夫

第6表（平成27年分以降用）

1　未成年者控除

（この表は、相続、遺贈や相続時精算課税に係る贈与によって財産を取得した法定相続人のうちに、満20歳にならない人がいる場合に記入します。）

未成年者の氏名		原田清志				計
年　齢 （1年未満切捨て）	①	18　歳	歳	歳	歳	
未成年者控除額	②	10万円×（20歳-18歳） = 20 0,000円	10万円×（20歳-_歳） = 0,000円	10万円×（20歳-_歳） = 0,000円	10万円×（20歳-_歳） = 0,000円	20 0,000 円
未成年者の第1表の（⑨＋⑪－⑫－⑬）又は（⑨＋⑪－⑫－⑬）の相続税額	③	500,000 円	円	円	円	500,000 円

(注)　1　過去に未成年者控除の適用を受けた人は、②欄の控除額に制限がありますので、「相続税の申告のしかた」をご覧ください。
　　　2　②欄の金額と③欄の金額のいずれか少ない方の金額を、第1表のその未成年者の「未成年者控除額⑭」欄に転記します。
　　　3　②欄の金額が③欄の金額を超える人は、その超える金額（②－③の金額）を次の④欄に記入します。

控除しきれない金額 （②－③）	④	円	円	円	円	計 Ⓐ 円

（扶養義務者の相続税額から控除する未成年者控除額）

Ⓐ欄の金額は、未成年者の扶養義務者の相続税額から控除することができますから、その金額を扶養義務者間で協議の上、適宜配分し、次の⑥欄に記入します。

扶養義務者の氏名						計
扶養義務者の第1表の（⑨＋⑪－⑫－⑬）又は（⑨＋⑪－⑫－⑬）の相続税額	⑤	円	円	円	円	円
未成年者控除額	⑥					

(注)　各人の⑥欄の金額を未成年者控除を受ける扶養義務者の第1表の「未成年者控除額⑭」欄に転記します。

2　障害者控除

（この表は、相続、遺贈や相続時精算課税に係る贈与によって財産を取得した法定相続人のうちに、一般障害者又は特別障害者がいる場合に記入します。）

		一　般　障　害　者		特　別　障　害　者		計
障害者の氏名		原田隆				
年　齢 （1年未満切捨て）	①	40　歳	歳	歳	歳	
障害者控除額	②	10万円×（85歳-40歳） = 450 0,000円	10万円×（85歳-_歳） = 0,000円	20万円×（85歳-_歳） = 0,000円	20万円×（85歳-_歳） = 0,000円	450 0,000 円
障害者の第1表の（⑨＋⑪－⑫－⑬）又は（⑨＋⑪－⑫－⑬）の相続税額	③	1,000,000 円	円	円	円	1,000,000 円

(注)　1　過去に障害者控除の適用を受けた人の控除額は、②欄により計算した金額とは異なりますので税務署にお尋ねください。
　　　2　②欄の金額と③欄の金額のいずれか少ない方の金額を、第1表のその障害者の「障害者控除額⑮」欄に転記します。
　　　3　②欄の金額が③欄の金額を超える人は、その超える金額（②－③の金額）を次の④欄に記入します。

控除しきれない金額 （②－③）	④	3,500,000 円	円	円	円	計 Ⓐ 3,500,000 円

（扶養義務者の相続税額から控除する障害者控除額）

Ⓐ欄の金額は、障害者の扶養義務者の相続税額から控除することができますから、その金額を扶養義務者間で協議の上、適宜配分し、次の⑥欄に記入します。

扶養義務者の氏名		原田菊江				計
扶養義務者の第1表の（⑨＋⑪－⑫－⑬）又は（⑨＋⑪－⑫－⑬）の相続税額	⑤	1,000,000 円	円	円	円	1,000,000 円
障害者控除額	⑥	1,000,000				1,000,000

(注)　各人の⑥欄の金額を障害者控除を受ける扶養義務者の第1表の「障害者控除額⑮」欄に転記します。

第6表（令元.7）

（資4-20-7-A4統一）

注・この記載例の金額等は、他ページの申告書とリンクしていません。

第7表
「相次相続控除額の計算書」
第8表
「外国税額控除額・農地等納税猶予税額の計算書」

第7表は相次相続控除の適用を受ける場合に使います。
第8表は外国税額控除の適用を受ける場合に使います*。

*第8表の下段は農地等納税猶予税額の計算書。

第7表

1 相次相続控除の額（総額）を計算・記入する
- 前回の相続の被相続人の氏名、今回の被相続人との続柄、前の相続からの期間などを記入する。
- 前回の相続で、今回亡くなった人が取得していた財産の金額（⑤欄）から納めた相続税額（⑥欄）を差し引く（⑦欄）。
- 今回の相続財産の総額を記入する（⑧欄）。
- 相次相続控除の金額（総額）を計算する（Ⓐ欄。計算式は165ページ）。

2 各相続人の控除額を計算・記入する
- 相続人の氏名を記入して、それぞれの相次相続控除の金額を計算・記入する。それぞれ第1表に転記する。
- 相続放棄をした人は除く。

3 相続人に農業相続人がいる場合に記入する

第8表

1 外国税額控除を受けられる場合に、計算・記入する
- 外国で課税された人の氏名、課税の内容、日本円への換算額などを記入して、控除額を計算する。

相次相続控除額の計算書

被相続人　**津村真智子**

第7表（平成21年4月分以降用）

この表は、被相続人が今回の相続の開始前10年以内に開始した前の相続について、相続税を課税されている場合に記入します。

1 相次相続控除額の総額の計算

前の相続に係る被相続人の氏名	前の相続に係る被相続人と今回の相続に係る被相続人との続柄	前の相続に係る相続税の申告書の提出先
津村修三	津村真智子の夫	川口　税務署

① 前の相続の年月日	② 今回の相続の年月日	③ 前の相続から今回の相続までの期間（1年未満切捨て）	10年 － ③ の 年 数
平成○年3月1日	令和○年6月9日	5 年	5 年

④ 被相続人が前の相続の時に取得した純資産価額（相続時精算課税適用財産の価額を含みます。）	⑤ 前の相続の際の被相続人の相続税額	⑥ （④－⑤）の金額	⑦ 今回の相続、遺贈や相続時精算課税に係る贈与によって財産を取得した全ての人の純資産価額の合計額（第1表の④の合計金額）
101,500,000 円	1,500,000 円	100,000,000 円	80,000,000 円

（⑤の相続税額）	⑦の金額／⑥の金額	（④の年数）	相次相続控除額の総額
1,500,000 円 ×	80,000,000／100,000,000（⑦の金額が⑥の金額より大きいときは1とします。） × 5年／10年 ＝		Ⓐ 600,000

2 各相続人の相次相続控除額の計算

(1) 一般の場合（この表は、被相続人から相続、遺贈や相続時精算課税に係る贈与によって財産を取得した人のうちに農業相続人がいない場合に、財産を取得した相続人の全ての人が記入します。）

今回の相続の被相続人から財産を取得した相続人の氏名	⑧ 相次相続控除額の総額	⑩ 各相続人の純資産価額（第1表の各人の④の金額）	⑪ 相続人以外の人も含めた純資産価額の合計額（第1表の④の各人の合計）	各人の⑩／⑪の割合	⑬ 各人の相次相続控除額（⑨×各人の⑫の割合）
津村和彦		40,000,000		0.5	300,000 円
津村保子	（上記Ⓐの金額）	40,000,000		0.5	300,000
	600,000 円		⑧ 80,000,000 円		

> 60万円（⑨欄）× 4000万円（⑩欄）
> ÷ 8000万円（⑪欄）＝ 30万円（⑬欄）

外国税額控除額 農地等納税猶予税額 の 計 算 書

被相続人

第8表（平成31年1月分以降用）

1 外国税額控除

この表は、課税される財産のうちに外国にあるものがあり、その財産について外国において日本の相続税に相当する税が課税されている場合に記入します。

外国で相続税に相当する税を課せられた人の氏名	外国の法令により課せられた税		③ ①の日現在における邦貨換算率	④ 邦貨換算税 額（②×③）	⑤ 邦貨換算在外純財産の価額	⑥ ⑤の金額／純資産価額の割合	⑦ 相次相続控除後の税額×⑥	控 除 額 ④と⑦のうちいずれか少ない方の金額
	国名及び税の名称	① 納期限（年月日）	② 税 額					
		・・			円		円	円
		・・						
		・・						
		・・						
		・・						

(注) 1 ⑤欄は、在外財産の価額（被相続人から相続開始の年に暦年課税に係る贈与によって取得した財産及び相続時精算課税適用財産の価額を含みます。）からその財産についての債務の金額を控除した価額を記入します。
2 ⑥欄の「取得財産の価額」は、第1表の④の金額と被相続人から相続開始の年に暦年課税に係る贈与によ...（外国税額控除額⑰）に転記します。

注・この記載例の金額等は、他ページの申告書とリンクしていません。

要Check

第2表「相続税の総額の計算書」

相続税の総額を計算して、法定相続分により
各相続人の負担する相続税額を計算します。

1 課税遺産総額を計算・記入する

- 相続財産の総額（課税価格）と、基礎控除額（3000万円＋〈600万円×相続人の数〉）を記入する。
- 課税遺産総額を記入する（課税価格－基礎控除額）。

2 相続税の総額を計算・記入する

- 相続人の氏名、亡くなった人との続柄、法定相続分（→38ページ）を記入する。
- 相続人の人数を記入し、法定相続分の合計（1）を確認する。
- 法定相続分による各相続人の取得金額から、相続税額を計算・記入する（書式下部の速算表に当てはめる）。
- 相続税の総額を計算する（100円未満切り捨て）。この金額は第1表に転記する。

相続人の数による基礎控除額を差し引きます。基礎控除額より財産の金額が少なければ、相続税はかかりません。

相続税の総額の計算書

被相続人 **高橋春雄**

第2表（平成27年分以降用）

○この表を修正申告書の第2表として使用するときは、第3表の1の⑥欄の⑥⑥の金額を記入します。

この表は、第1表及び第3表の「相続税の総額」の計算のために使用します。
なお、被相続人から相続、遺贈や相続時精算課税に係る贈与によって財産を取得した人のうちに農業相続人がいない場合は、この表の⑧欄及び⑩欄並びに⑨欄から⑪欄までは記入する必要がありません。

① 課税価格の合計額	② 遺産に係る基礎控除額	③ 課税遺産総額
第1表⑥④ **64,000**,000 円	3,000万円 + (600万円 × 3 (⑥の法定相続人の数)) = 4800 万円	⑤ (④-⑥) **16,000**,000 円
第3表⑥④ ,000 円	⑤の人数及び⑥の金額を第1表⑧へ転記します。	(⑥-⑤) ,000 円

④ 法定相続人 ((注)1参照)		⑤ 左の法定相続人に応じた法定相続分	第1表の「相続税の総額⑦」の計算		第3表の「相続税の総額⑦」の計算	
氏 名	被相続人との続柄		⑥ 法定相続分に応ずる取得金額 (⑤×⑤) (1,000円未満切捨て)	⑦ 相続税の総額の基となる税額 下の「速算表」で計算します。	⑨ 法定相続分に応ずる取得金額 (⑥×⑤) (1,000円未満切捨て)	⑩ 相続税の総額の基となる税額 下の「速算表」で計算します。
高橋秋子	妻	1/2	**8,000**,000 円	**800,000** 円	,000 円	円
高橋一郎	長男	1/4	**4,000**,000	**400,000**	,000	
杉本優子	長女	1/4	**4,000**,000	**400,000**	,000	
			,000		,000	
			,000		,000	
			,000		,000	
			,000		,000	
法定相続人の数 ⑥ **3** 人		合計 1	⑧ 相続税の総額 (⑦の合計額) (100円未満切捨て)	**1,600,0**00	⑪ 相続税の総額 (⑩の合計額) (100円未満切捨て)	00

ここではいずれも税率10%。

上から、
1600万円（⑥欄）× 0.5（⑤欄） = 800万円
1600万円（⑥欄）× 0.25（⑤欄） = 400万円
1600万円（⑥欄）× 0.25（⑤欄） = 400万円

上記の割合の合計が「1」になること。

第1表へ

(注) 1 ⑥欄の記入に当たっては、被相続人に養子がある場合や相続の放棄があった場合には、「相続税の申告のしかた」...
2 ⑧欄...相続...するときは、⑩欄の金額...⑥欄に転記します。

相続税の速算表

法定相続分に応ずる取得金額	10,000千円以下	30,000千円以下	50,000千円以下	100,000千円以下	200,000千円以下	300,000千円以下	600,000千円以下	600,000千円超
税率	10%	15%	20%	30%	40%	45%	50%	55%
控除額	－千円	500千円	2,000千円	7,000千円	17,000千円	27,000千円	42,000千円	72,000千円

この速算表の使用方法は、次のとおりです。
⑥欄の金額×税率－控除額＝⑦欄の税額　　　⑨欄の金額×税率－控除額＝⑩欄の税額
例えば、⑥欄の金額30,000千円に対する税額（⑦欄）は、30,000千円×15％－500千円＝4,000千円です。

○連帯納付義務について
　相続税の納税については、各相続人等が相続、遺贈や相続時精算課税に係る贈与により受けた利益の価額を限度として、お互いに連帯して納付しなければならない義務があります。

第2表(令元.7)　　　　　　　　　　　　　　　　　　　　　　　　　（資4－20－3－A4統一）

パート4　相続税の申告書　書き方・まとめ方

195

第1表「相続税の申告書」

第2表〜第15表から各相続人の相続内容をまとめて、
それぞれの実際に納める税額を算出します。

1 相続財産の全体をまとめる

- 亡くなった人の氏名、生年月日、住所、職業を記入する。
- 第11表〜第15表の記載から、被相続人の遺した相続財産の金額（課税価格）、第2表から相続税の総額を記入する。
- 第4表〜第8表の記載から、適用される税額控除とその総額を記入して、実際に納める相続税の総額などを計算する。

2 各相続人の納める相続税額を計算・記入する

- 相続人が2人以上なら、2人目以降は「第1表（続）」を使う。
- それぞれ氏名（押印）、マイナンバー、生年月日・年齢、住所、続柄、職業を記入する。
- 取得財産の区別（「相続」「遺贈」「相続時精算課税に係る贈与」）に○をする。
- 第4表〜第15表の記載や上記1の記載から、相続人ごとに取得した財産の金額（課税価格）や適用を受ける税額控除、負担する相続税額を記入する。

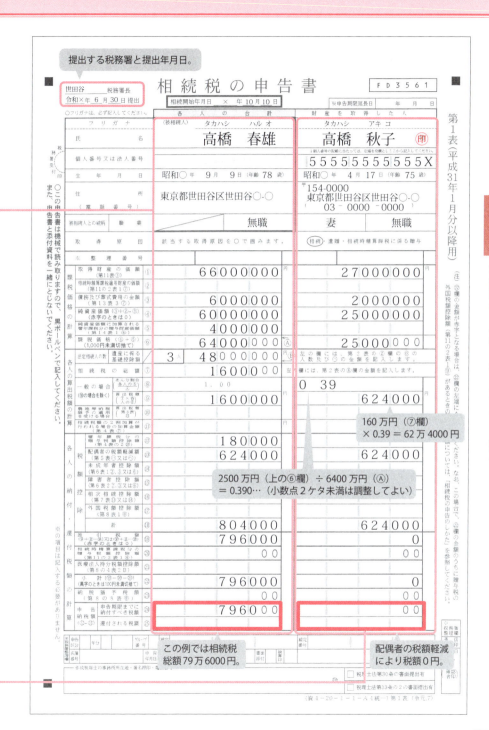

相続税もっとわかるコラム

申告書作成で誤りやすいポイントをチェックしておこう

　国税庁ホームページにある「相続税の申告書作成時の誤りやすい事例集」では、相続税の申告書作成時に誤りやすい事例をまとめています。そのいくつかの例をテスト形式にしました。YES／NOで答えて知識を確認してみてください。

誤りやすいポイント確認テスト

1 亡くなった人の兄弟姉妹が相続人になったときは、相続税の2割加算（→ 156 ページ）が必要である。　　**YES**　**NO**

2 代襲相続で孫が相続人となったときは、相続税の2割加算が必要である。　　**YES**　**NO**

3 準確定申告（→ 58 ページ）により受け取った還付金は相続財産となる。　　**YES**　**NO**

4 亡くなった人が生前に購入したお墓の借入金は、相続財産から差し引くことができる。　　**YES**　**NO**

5 亡くなる前年に 100 万円の贈与を受けた場合、基礎控除以下でも相続財産の一部となる。　　**YES**　**NO**

答え　1／YES（第4章で詳解）　2／NO　3／YES（第 11 章に記載あり）
4／NO　5／YES（第 14 章に記載あり）

パート5 税務署で申告・納税する

- 申告と納税の基本 …………………………… 200
- 延滞税など（ペナルティ）………………… 202
- 修正申告、更正の請求 ……………………… 204
- 納税資金が足りない①延納 ………………… 206
- 納税資金が足りない②物納 ………………… 208
- 相続登記、名義変更 ………………………… 210

申告と納税の基本

原則は「10か月以内に」「相続人全員が」「現金一括納付」

 相続税の申告と納税の期限は「10か月以内」。
相続人全員が協力して行う。

申告は期限を厳守する

　相続税の申告は、亡くなった日（相続開始日）の翌日から10か月以内に、亡くなった人の住所地を管轄する税務署で行います（相続人自身の住所地の税務署ではないことに注意）。税額は現金で一括納付が原則です。

　申告書は、原則として相続人全員の分を１通にまとめて提出します（相続人全員が記名・押印する）。直接税務署の窓口へ行くほか、郵送による提出も可能です。

　税金の納付は相続人がそれぞれ行います。相続人の１人がまとめて納めると、他の相続人への贈与になってしまうのでNGです。申告書を提出する税務署の窓口のほか、最寄りの金融機関などで納めます。納付方法は所定の納付書で納めるほか、右ページのような方法があります。

　申告が遅れた場合、延滞税などがかかります（→202ページ）。また、期日までに納付できない場合は、延納や物納も検討します。

連帯納付義務に注意

　相続税には連帯納付義務があります。もし相続人の１人が納税を怠った場合、ほかの相続人はその相続人の相続税を納めなければなりません。これを連帯納付義務といいます。自分が取得した財産の額が上限です。この事態を避けるには、遺産分割でそれぞれが納税に困らないような分割（一定の現金も分けるなど）を心がけましょう。

> **ひとくち MEMO**　**申告内容を理解する**　税理士に相続税の申告手続きを依頼した場合も、申告・納付をするのは自分自身。きちんと申告書の内容や税額をチェックして、理解しておくことが大切。

申告・納付のポイント

 いつまでに 亡くなった日[*1]（相続開始日）の翌日から10か月[*2]
*1 亡くなったことを知らなかった場合、相続開始を知った日。
*2 期限日が土日祝ならその翌日。

 誰が 相続人全員（原則として申告書は1通にまとめる。納付は個別に行う）

 どこに 亡くなった人の住所地を管轄している税務署

納付は4つの方法から選ぶ

税務署や金融機関の窓口	● 専用の納付書により現金で納める。 ● 申告書を提出した税務署、または指定金融機関（銀行、信用金庫、郵便局など）。
コンビニエンスストアなど	● 専用の納付書などにより現金で納める。 ● 納付金額が30万円以下の場合。
クレジットカード	●「国税クレジットカードお支払サイト（https://kokuzei.noufu.jp/）」を利用する。 ● 納付金額に応じた決済手数料がかかる。
電子納税	●「e-Tax」による申告なら、ダイレクト納付やインターネットバンキングによる納付ができる。

延滞税など（ペナルティ）
申告が遅れると延滞税がかかる

期日に遅れると延滞税がかかる。不正確な申告やごまかしには大きなペナルティがある。

さまざまなペナルティがある

相続税の申告・納付期限は厳格です。間に合わなかった場合、まず**遅れた日数に対して延滞税がかかります**。

申告が1か月を超えて遅れたり、税務署の税務調査により指摘を受けて申告したという場合は、その税額の5～20％を無申告加算税として納めます。申告した税額が少なかったという場合には、過少申告加算税がかかります（税額の5～15％。自主的な申告ならかからない）。

財産を隠していたり、書類を偽造して申告内容をごまかしていたりした場合など、悪質なものについては重加算税の対象にもなります（追加で納める税額の35～40％）。

遺産分割協議がまとまらなくても申告する

とはいえ、遺産分割協議がまとまらなければ、申告書も作成できません。この場合には、**いったん法定相続分により相続税の計算をして申告・納税します**。後日、遺産分割協議がまとまったところで、**正しい税額による修正申告または更正の請求**（→204ページ）を行います。

法定相続分による仮の計算では、配偶者の税額軽減、小規模宅地等の特例などは受けられません。ただし、最初の申告時に「申告期限後3年以内の分割見込書」（→213ページ）を提出しておくことで、修正申告、更正の請求時に適用を受けられます。

> **ひとくちMEMO　税務情報は一元管理されている**　全国の国税局と税務署はネットワークで結ばれ、税務情報を一元管理している（国税総合管理システム〈KSKシステム〉）。税務調査にも役立てられている。

相続税のペナルティ一覧

延滞税
遅れた日数に対する利息。

2.6%
納付期限の2か月後以降8.9%

無申告加算税
申告が期限に1か月を超えて遅れたことに対するペナルティ。

15%
税額のうち50万円を超える部分は20%

> 自主的に申告した場合は5%。税務調査の通知後、自主的に申告した場合は10%（50万円超の部分15%）。

過少申告加算税
税額を少なく申告していたことに対するペナルティ。

10%
税額のうち50万円を超える部分は15%

> 自主的に申告した場合はなし。税務調査の通知後、自主的に申告した場合は5%（50万円超の部分10%）。

重加算税

申告書の内容に、意図的なごまかしや隠ぺいがあった場合に上乗せされる。

35%
追加納付する税額に対して

意図的に財産などをごまかし・隠ぺいして申告しなかった場合に上乗せされる。

40%
追加納付する税額に対して

修正申告、更正の請求

税金の過不足はすみやかに届け出る

税金の不足は修正申告により納める。
税金の納めすぎは更正の請求で訂正して還付を受ける。

申告内容の修正には再申告が必要

申告後に新たな財産が見つかった、財産評価が誤っていたなど、申告内容の間違いが見つかることがあります。こうした場合、申告のやり直しが必要です。**申告した税額が少なかったときは修正申告を行い、不足している税額を納めます。税額を納めすぎていたときは更正の請求により、納めすぎていた税金を返してもらいます（相続税の還付を受ける）**。

それぞれ、あらためて相続税の計算を行い、必要な申告書や計算明細書（更正の請求では請求の証拠となる書類を添付）を作成しなおして税務署に提出します。いずれも専用の書式が用意されています。

修正申告による不足税額は申告書の提出までに納めます。このとき、正しい申告が遅れたことになるため、延滞税などが上乗せされます（→202ページ）。

更正の請求には期限がある

修正申告には特に期限はありません。間違いが判明したらすみやかに申告します。

更正の請求の期限は、原則として申告期限から5年以内です。ただし、未分割だった財産の分割や相続人の変更など、右ページのような理由で更正の請求を行う場合は、その事情があきらかになった日の翌日から4か月以内に行う必要があります。

> **ひとくちMEMO** **相続人などがいないとき** 亡くなった人に相続人がおらず遺言書もない場合、生計を同じくしていた人や療養看護に努めた人などを、「特別縁故者」として財産分与の対象とすることがある。

修正申告、更正の請求のポイント

修正申告

申告した税額が実際の税額より少なかった場合に、「修正申告書」により正しい税額を申告、不足額を納付する。

いつまで 特に期限なし

相続税の修正申告書

更正の請求

申告した税額が実際の税額より多かった場合に、「更正の請求書」により税額の修正と還付を求める。

いつまで 申告期限から5年以内

> ただし、以下のような場合は事情があきらかになった日の翌日から4か月以内。
> ・未分割だった財産の分割が行われた。
> ・相続人の異動があった（認知や相続放棄の取り消しなど）。
> ・遺留分侵害額の請求（→48ページ）により、支払い額が生じた。
> ・新たな遺言書が見つかった、遺贈の放棄があった。
> ・特別縁故者（→左ページ）への財産分与が決定した。など

（相続）税の更正の請求書

パート5　税務署で申告・納税する

納税資金が足りない①延納

相続税の納付は分割払いにできる

 一括納付が難しければ延納を検討する。
ただし、税務署の審査による許可が必要となる。

納付できない金額が限度となる

相続税は一括納付が原則ですが、**一度に納められない場合、延納という分割納付の方法があります**。ただし、一度に納められない正当な理由があり、税務署の審査により許可を受ける必要があります。また、全額というわけではなく納付困難な金額が限度です。なお、税額は10万円を超えていることが必要です。

延ばせる期間は原則として5年以内です。ただし、取得した相続財産で不動産の占める割合が大きければ、最高20年までの延納が可能です。延納には一定の利子（税）がかかります。

担保が必要になることも

延納では、**その税額が100万円以上で延納期間が3年を超えるなら、一定の担保が必要になります**。担保は税務署に認められる必要があり、右ページのようなものに限られています。

延納を希望する相続人は、相続税の納付期限までに亡くなった人の住所地を管轄する税務署に申請します。相続税延納申請書とともに、担保とする財産の内容がわかる書類などを提出します。

申請すれば必ず受けられるわけではなく、税務署の審査を受けて条件を満たしていないと判断された場合には、延納を却下されたり、担保の変更を求められたりすることがあります。

> **ひとくちMEMO** **一括納付に変更できる** 延納を選んだ後、不動産の売却などで納税資金ができた場合は残額を一括納付できる。残った期間の利子税を支払わずにすむ。

延納の条件と必要書類

延納の条件

1 税額が 10 万円を超えている。

2 お金で一度に納められない理由がある。

3 担保を用意できる（延納する税額が 100 万円未満で、延納期間が 3 年以下なら不要）。

4 延納申請書を相続税の納付期限までに提出する。

POINT

担保として認められるもの
①国債、地方債、社債、②土地、
③建物、立木、登記された船舶など（保険のついたもの）
※その他、税務署長が確実と認める有価証券や保証人の保証など。

主な必要書類

☐ 相続税延納申請書
・分納の計算明細書や各種確約書などあり。

☐ 金銭納付を困難とする理由書

☐ 前年の源泉徴収票など
（理由書の説明資料）

☐ 担保目録及び担保提供書（書式は担保とする財産により異なる）

☐ 担保提供関係書類
（登記事項証明書や各種図面など）

［必要な書類がそろわない場合］

☐ 担保提供関係書類提出期限延長届出書

相続税延納申請書

納税資金が足りない②物納

金銭納付が無理なら「現物」で納付できる

 お金による納付が難しければ物納を検討する。
税務署の審査・許可を受けることが必要。

物納できる財産にルールがある

　相続税をお金で納めることができない、さらに延納でも納められないという場合は、物納という方法もあります。不動産や債券といった現金以外の「現物」で相続税を納めます。

　物納できる財産は次のようなものに限られ、優先順位が決められています。**第1順位は国債、地方債、不動産、船舶、上場株式等、第2順位は社債、非上場株式など、第3順位は動産**（その他の財産。書画・骨董、自動車など）です。上位の財産がある場合には、下位の財産による物納は認められません。いずれも国内にあるものに限られます。

　法令に違反している建物やその敷地などは物納劣後財産（ぶつのうれつございさん）といい、ほかに適当な財産がない場合に限り物納が認められます。

　また、**抵当権などがつけられている財産、係争中の財産、他の人と共有している財産などは、管理処分不適格財産として物納はできません。**

物納の審査は厳しい

　物納を希望する相続人は、相続税の納付期限までに亡くなった人の住所地を管轄する税務署に申請します。相続税物納申請書とともに物納する財産の内容がわかる書類（物納財産目録）などを提出します。

　ただし実際には、物納の審査が厳しいこともあり、利用する人は少ないようです。

> **ひとくち MEMO　審査期間**　延納や物納の審査は、申請期限から3か月以内に許可または却下が行われる。ただし担保の状況などにより、延納は6か月、物納は9か月まで延長されることも。

物納の条件と必要書類

物納の条件

1. お金で納められない（延納もできない）、やむを得ない理由がある。
2. 物納する財産は一定条件（→本文。優先順位あり）に当てはまるもので国内にある。
3. その財産が「管理処分不適格財産」*ではない。
4. 物納申請書などを相続税の納付期限までに提出する。

*抵当権などがつけられている財産、係争中の財産、他の人と共有している財産など。

主な必要書類

- ☐ 物納申請書
  ・各種確約書あり。
- ☐ 金銭納付を困難とする理由書
- ☐ 前年の源泉徴収票など（理由書の説明資料）
- ☐ 物納財産目録（物納する財産により書式は異なる）
- ☐ 物納手続関係書類（登記事項証明書や各種図面など）

[物納劣後財産である場合]
- ☐ 物納劣後財産等を物納に充てる理由書

[必要な書類がそろわない場合]
- ☐ 物納手続関係書類提出期限延長届出書

相続税物納申請書

集中講義 相続登記、名義変更

財産の相続は登記や名義変更の手続きにより完了します。
流れや必要書類を押さえておきましょう。

不動産の権利を確定させる

　相続登記とは、土地や建物などを相続した後、不動産の名義を変更することです。登記をすることで不動産の権利を公的なものにすることができます。特に期限はありませんが、遺産分割協議終了後はすみやかに登記をしておき

登記申請書の例と必要書類

```
                  登 記 申 請 書

登記の目的    所有権移転

原    因    令和 ○年５月 ○日相続

相 続 人    （被相続人  三 浦 太 郎）

（申請人）横浜市西区老松町○丁目○番○号
         三 浦 安 子    印

                連絡先の電話番号  ０４５－０００－００００
添付情報
  登記原因証明情報  住所証明情報

□登記識別情報の通知を希望しません。

令和 ○年５月 ○日申請 横浜地方法務局 ○○支局

課税価格 金６．０００万円

登録免許税 金２４万円

不動産の表示
  不動産番号  １１１１１２２２２２３３３
  所  在  横浜市西区老松町○丁目○番○号
  地  番  ○○番
  地  目  宅 地
  地  積  ２００・００平方メートル

  不動産番号  ４４４４４５５５５５６６６
  所  在  横浜市西区老松町○丁目○番○号
  家 屋 番 号  ○○番
  種  類  居 宅
  構  造  木造スレート葺き２階建
  床 面 積  １階 ８０・００平方メートル
            ２階 ４０・００平方メートル
```

所有権の移転登記の記載例。書式は法務局のホームページからダウンロードできる。

上部５cm程度は受付シール貼り付けのため空けておく。

主な必要書類

☐ 被相続人の出生から死亡時まですべての戸籍謄本（写し）、住民票（除票）

☐ 相続人全員の戸籍謄本（写し）

☐ その不動産を相続する相続人の住民票*1

☐ 固定資産税評価証明書

☐ 遺言書または遺産分割協議書*2

*1 マイナンバーの記載のないもの。
*2 遺産分割協議書は相続人全員の印鑑証明書も必要。

ましょう。なお、土地は相続登記の義務化が検討されています。

　登記の手続きは司法書士に代行してもらうほか、自分で行うこともできます。その不動産を管轄する法務局に登記申請書を作成して提出します。登録免許税や一定の手数料が必要です。登記が完了すると、登記識別情報通知書（権利証）が発行されます。

相続財産を自分のものに

　相続で取得した各種財産（預貯金、上場株式、自動車、保険など）は名義変更が必要です。複数の提出先がある場合、「相続関係説明図」（→62ページひとくちMEMO）を添付すると戸籍謄本などは返却してもらえます。戸籍謄本は「法定相続情報一覧図」（→66ページ）に代えることもできます。

● 名義変更を行う財産の例と主な必要書類 ●

相続財産／手続き先 　　　　**主な必要書類**

預貯金
（名義変更）
▼
口座のある金融機関へ

- [ ] 金融機関の定める手続き書類
- [ ] 通帳、証書、各種カード、届出印
- [ ] 被相続人の出生から死亡時まですべての戸籍謄本（写し）
- [ ] 相続人全員の戸籍謄本（写し）
- [ ] 遺言書または遺産分割協議書＊

＊遺産分割協議書は相続人全員の印鑑証明書も必要。

上場株式
（名義書き換え）
▼
口座のある証券会社、
信託銀行などへ

- [ ] 証券会社などの定める手続き書類
- [ ] 株券（発行されている場合）
- [ ] 被相続人の出生から死亡時まですべての戸籍謄本（写し）
- [ ] 相続人全員の戸籍謄本（写し）
- [ ] 遺言書または遺産分割協議書＊

＊遺産分割協議書は相続人全員の印鑑証明書も必要。

自動車
（移転登録）
▼
運輸支局、
検査登録事務所へ

- [ ] 移転登録申請書
- [ ] 自動車検査証
- [ ] 被相続人の出生から死亡時まですべての戸籍謄本（写し）
- [ ] 相続人全員の戸籍謄本（写し）
- [ ] 遺言書または遺産分割協議書＊
- [ ] 手数料納付書（自動車検査登録印紙を添付）

＊遺産分割協議書は相続人全員の印鑑証明書も必要。

パート5　税務署で申告・納税する

要 Check

申告書の添付書類確認リスト

申告書に添付する基本的な書類をまとめました。
特例の利用などは、条件に当てはまることの証明が求められます。

1 共通して必要になるもの

☐ 亡くなった人の出生から死亡まで
すべての戸籍謄本（写し） ▶ 62 ページ

☐ 相続人全員の戸籍謄本（写し）または
法定相続情報一覧図（写し） ▶ 62 ページ

☐ 遺言書または遺産分割協議書 ▶ 94、96 ページ

> 遺産分割協議書は相続人全員の印鑑証明書も必要。

☐ マイナンバーカードのコピー（表と裏） ▶ 61 ページ

> マイナンバーカードがない場合、通知カード*のコピーか住民票（マイナンバーの記載があるもの）、身元確認書類のコピー（運転免許証、パスポート、健康保険証など）
>
> ＊通知カードは令和 2 年 5 月に廃止されたが、氏名や住所の記載が変わっていなければ、引き続き証明書類として使用できる。

これらに加えて、相続財産の評価に関する書類が必要になります。パート 2 と合わせて確認してください。

2 特例の利用などで必要になるもの

相続時精算課税制度の対象者がいるとき ▶34ページ

☐ 亡くなった人の戸籍の附票（写し）

☐ 相続時精算課税制度対象者の戸籍の附票（写し）

注・いずれも相続開始後につくられたもの。

小規模宅地等の特例の適用を受けるとき ▶132ページ

● 別居の親族が適用を受けるなら

☐ 相続開始前3年以内に住んでいた家が、自分や配偶者など*の所有ではないことを証明する書類（賃貸借契約書など）

＊その他、三親等内の親族や特別な関係のある一定の法人など。

● 被相続人が老人ホームなどで亡くなったなら

☐ 亡くなった人の戸籍の附票（写し）

☐ 被相続人の要介護度などがわかる書類（介護保険被保険者証など）

☐ 施設との入所契約書や施設の概要がわかる書類

注・戸籍の附票は相続開始後につくられたもの。

小規模宅地等の特例や配偶者の税額軽減（→160ページ）の適用で、期限内に遺産分割が完了しないとき

☐ 申告期限後3年以内の分割見込書（右の書式）

この書類を提出しておくことで、申告期限から3年以内に遺産分割が確定してからの更正の請求により、これらの適用を受けられる。

パート5 税務署で申告・納税する

相続税もっとわかるコラム

相続税の税務調査は
正直な対応が「吉」

　相続税の申告後、「税務調査」を受ける場合があります。申告内容に疑問などがある場合に、税務署の担当者が相続人の自宅を訪問して、聞き取り調査や書類などの現物調査を行うことです。

　近年では、申告した人のうち10％程度が税務調査を受け、その約8割が追徴課税を受けています。税務調査は、一般に申告から1〜2年後くらいまでに行われるようです。

　そもそも、できる限り正確な申告を心がけることが第一ですが、税務調査を受けることになった場合は、包み隠さず事実を伝え、正直に対応しましょう。

　訪問調査の前には、過去の申告や資産状況、資金の流れについて詳細なチェックが行われているため、ごまかしなどは通用しません。

税務調査の流れ

相続税の申告後、税務署により申告内容のチェックが行われる

▶

申告内容に疑問がある場合、税務調査が行われる

●事前の連絡の上、通常2人の調査官が訪れて聞き取り調査や現物調査を行う（1日程度）。

▶

申告のもれや間違いが見つかった場合修正申告を行い、不足の税額を納める

●延滞税や過少申告加算税が必要になる。

巻末付録

画地補正率表 ……………………………………216

相続税の速算表 ……………………………………217

贈与税のポイントまとめ ………………………218

活用したい贈与税の特例 ………………………220

相続・知っておきたい用語集 …………………222

画地補正率表

画地補正率は、土地の形や条件により路線価を調整する割合です（→ 110 ページ）。土地の形状などにより当てはまるものを使用します。

側方路線影響加算率表

地区区分	加算率 角地の場合	準角地の場合
ビル街	0.07	0.03
高度商業、繁華街	0.10	0.05
普通商業・併用住宅	0.08	0.04
普通住宅、中小工場	0.03	0.02
大工場	0.02	0.01

二方路線影響加算率表

地区区分	加算率
ビル街	0.03
高度商業、繁華街	0.07
普通商業・併用住宅	0.05
普通住宅、中小工場	0.02
大工場	0.02

間口狭小補正率表

間口距離	ビル街	高度商業	繁華街	普通商業・併用住宅	普通住宅	中小工場	大工場
4m 未満	–	0.85	0.90	0.90	0.90	0.80	0.80
4m 以上 6m 未満	–	0.94	1.00	0.97	0.94	0.85	0.85
6m 以上 8m 未満	–	0.97		1.00	0.97	0.90	0.90
8m 以上 10m 未満	0.95	1.00			1.00	0.95	0.95
10m 以上 16m 未満	0.97					1.00	0.97
16m 以上 22m 未満	0.98						0.98
22m 以上 28m 未満	0.99						0.99
28m 以上	1.00						1.00

奥行長大補正率表

奥行距離／間口距離	ビル街	高度商業	繁華街	普通商業・併用住宅	普通住宅	中小工場	大工場
2 以上 3 未満	1.00		1.00		0.98	1.00	1.00
3 以上 4 未満			0.99		0.96	0.99	
4 以上 5 未満			0.98		0.94	0.98	
5 以上 6 未満			0.96		0.92	0.96	
6 以上 7 未満			0.94		0.90	0.94	
7 以上 8 未満			0.92			0.92	
8 以上			0.90			0.90	

不整形地補正率表

地区区分 / かげ地割合	高度商業、繁華街、普通商業・併用住宅、中小工場			普通住宅		
地積区分	A	B	C	A	B	C
10%以上	0.99	0.99	1.00	0.98	0.99	0.99
15%以上	0.98	0.99	0.99	0.96	0.98	0.99
20%以上	0.97	0.98	0.99	0.94	0.97	0.98
25%以上	0.96	0.98	0.99	0.92	0.95	0.97
30%以上	0.94	0.97	0.98	0.90	0.93	0.96
35%以上	0.92	0.95	0.98	0.88	0.91	0.94
40%以上	0.90	0.93	0.97	0.85	0.88	0.92
45%以上	0.87	0.91	0.95	0.82	0.85	0.90
50%以上	0.84	0.89	0.93	0.79	0.82	0.87
55%以上	0.80	0.87	0.90	0.75	0.78	0.83
60%以上	0.76	0.84	0.86	0.70	0.73	0.78
65%以上	0.70	0.75	0.80	0.60	0.65	0.70

地積区分表（不整形地補正率表のA〜Cに対応）

地区区分 / 地積区分	A	B	C
高度商業	1000㎡未満	1000㎡以上 1500㎡未満	1500㎡以上
繁華街	450㎡未満	450㎡以上 700㎡未満	700㎡以上
普通商業・併用住宅	650㎡未満	650㎡以上 1000㎡未満	1000㎡以上
普通住宅	500㎡未満	500㎡以上 750㎡未満	750㎡以上
中小工場	3500㎡未満	3500㎡以上 5000㎡未満	5000㎡以上

相続税の速算表

A×B−Cで計算します。なお、相続税の税率は財産の金額が多いほどアップします（超過累進課税→40ページ）。

各相続人の取得金額A	税率B	控除額C	各相続人の取得金額A	税率B	控除額C
1000万円以下	10%	—	1億円超 2億円以下	40%	1700万円
1000万円超 3000万円以下	15%	50万円	2億円超 3億円以下	45%	2700万円
3000万円超 5000万円以下	20%	200万円	3億円超 6億円以下	50%	4200万円
5000万円超 1億円以下	30%	700万円	6億円超	55%	7200万円

贈与税のポイントまとめ

贈与税は相続税を考える際、見過ごせない重要ポイントです。
その基本を理解しておきましょう。

贈与税の計算ポイント

- 贈与を受けた人に課税される。
- 110万円の基礎控除があり、110万円を超えた贈与金額に課税される（暦年課税）。
- 税率は通常の「一般税率」と、父母や祖父母から20歳以上の子や孫への贈与に適用される「特例税率」がある。

こんな場合も贈与になる（要チェック）

☐ 親などから借金返済を免除してもらった。

☐ 時価より著しく低い金額で財産を譲り受けた。

☐ 保険料を負担していない人が保険金を受け取った。

☐ 親などが所有する不動産の名義を無償で子や孫に変更した。

生前贈与による節税方法（相続までに財産を減らす）

1　年に基礎控除（110万円）以下の贈与をコツコツ続ける。

2　贈与税の特例を利用して、非課税などで財産を贈与する（→ 220ページ）。

申告と納付の基本

いつまでに	誰が	どこへ
贈与を受けた翌年の 2月1日～3月15日*	贈与を受けた人	贈与を受けた人の住所地を管轄する税務署

＊土日の関係で年によりずれる。

主な必要書類

- ☐ **贈与税の申告書（第一表）**
  ・すべての贈与税の申告で使う。
- ☐ **住宅取得等資金の非課税の計算明細書（第一表の二）**
  ・住宅取得等資金の贈与税の特例の適用時に使う。
- ☐ **相続時精算課税の計算明細書（第二表）**
  ・相続時精算課税制度による贈与がある場合に使う。
- ☐ **マイナンバーカードやその本人確認書類**
- ☐ **適用を受ける特例などにより、**
  ・贈与した人、贈与された人の戸籍謄本（抄本）。
  ・贈与された不動産の登記事項証明書。
  ・源泉徴収票。など

贈与税の計算式

贈与税の速算表
A × B − C で計算します。

一般税率

課税価格 A	税率 B	控除額 C
200 万円以下	10%	−
200 万円超　300 万円以下	15%	10 万円
300 万円超　400 万円以下	20%	25 万円
400 万円超　600 万円以下	30%	65 万円
600 万円超　1000 万円以下	40%	125 万円
1000 万円超　1500 万円以下	45%	175 万円
1500 万円超　3000 万円以下	50%	250 万円
3000 万円超	55%	400 万円

特例税率

課税価格 A	税率 B	控除額 C
200 万円以下	10%	−
200 万円超　400 万円以下	15%	10 万円
400 万円超　600 万円以下	20%	30 万円
600 万円超　1000 万円以下	30%	90 万円
1000 万円超　1500 万円以下	40%	190 万円
1500 万円超　3000 万円以下	45%	265 万円
3000 万円超　4500 万円以下	50%	415 万円
4500 万円超	55%	640 万円

巻末付録　贈与税のポイントまとめ

活用したい贈与税の特例

生前に贈与税の特例を利用して財産を贈与しておくことで、相続財産が減って、相続時の税金を軽くできます。

贈与税の配偶者控除

結婚20年以上の夫婦間の自宅またはその取得資金の贈与

▶▶▶ **2000万円まで非課税**

主な条件

- 婚姻期間が20年以上。
- 居住用不動産（土地だけも可）または居住用不動産を取得する資金の贈与である。
- 贈与の翌年3月15日までに入居しており、その後も居住する。
- 過去に同じ配偶者との間でこの特例を使っていない。

手続き

贈与の翌年に贈与税の申告を行う。

・第一表の「配偶者控除額」欄に贈与金額を記入する。

住宅取得等資金の贈与税の特例

父母や祖父母から子や孫への住宅取得のための贈与

▶▶▶ **1000万円（1500万円）＊まで非課税**

＊令和2年4月から令和3年3月までの金額。（　）内は省エネ等住宅の場合。

主な条件

- 贈与を受ける人は20歳以上＊で、その年の所得が2000万円以下。
  ＊贈与の年の1月1日時点。
- 贈与の翌年3月15日までに、住宅を新築、取得、増改築して居住している。
- 住宅の床面積（登記簿上）が50㎡以上240㎡以下。

手続き

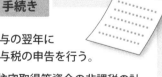

贈与の翌年に贈与税の申告を行う。

・住宅取得等資金の非課税の計算明細書（第一表の二）を使用する。

教育資金一括贈与の非課税特例

父母や祖父母から子や孫への教育資金の贈与

▶▶▶ **1500万円まで非課税**

主な条件

- 子や孫は30歳未満＊でその前年の所得が1000万円以下。
  ＊30歳時点で在学中などの場合は、最長40歳まで延長できる。
- 贈与財産は信託銀行などに一括で預け入れ、贈与を受けた人は必要に応じて払い戻す。
- 利用は令和3年3月まで。

手続き

金融機関経由で「教育資金非課税申告書」を提出する。

・特例終了時（贈与を受けた人が30歳になったなど）に残額があれば、その翌年に贈与税の申告を行う。

結婚・子育て資金一括贈与の非課税特例

父母や祖父母から子や孫への結婚・子育て資金の贈与

▶▶▶ **1000万円まで非課税**

主な条件

- 子や孫は20歳以上50歳未満で、その前年の所得が1000万円以下。
- 贈与財産は信託銀行などに一括で預け入れ、贈与を受けた人は必要に応じて払い戻す。結婚に関する金額は300万円まで。
- 利用は令和3年3月まで。

手続き

金融機関経由で「結婚・子育て資金非課税申告書」を提出する。

・特例終了時（贈与を受けた人が50歳になったなど）に残額があれば、その翌年に贈与税の申告を行う。

巻末付録　活用したい贈与税の特例

生前からこうした特例を十分活用して、相続税対策をとっておきたい。

相続・知っておきたい用語集

相続では、耳慣れない法律や税金の用語が数多く使われます。
その中でも、よく登場する用語をまとめました。

あ〜お

家なき子

被相続人と同居しておらず、住んでいる家が自分の持ち家ではない親族。配偶者や同居していた親族がいない場合に、一定要件のもとで小規模宅地等の特例の適用を受けられる。

一次相続／二次相続

一次相続とは、夫婦のどちらかが亡くなり、配偶者と子が相続人になる相続のこと。二次相続は、一次相続で相続人だった配偶者が亡くなったときの相続をいう。

遺留分

相続人（兄弟姉妹以外）に保証されている、最低でも相続財産の2分の1または3分の1を取得できる権利。遺産分割で遺留分を侵害された場合、侵害した相手に対して遺留分の不足分をお金で請求できる（遺留分侵害額の請求）。

か〜こ

改製原戸籍謄本

改製される前の古い戸籍。「改製」とは、法律の改正や戸籍のデータ化で行われた作り替えのこと。

かげ地

不整形地（いびつな形の土地）の路線価の計算で、道路を基準とする長方形（想定整形地）でその土地を囲んだとき、実際の土地以外の部分。かげ地部分が大きいほど評価額が下がる。

課税遺産総額

各人の課税価格を合計して基礎控除（3000万円＋600万円×相続人の数）を差し引いた金額。

課税価格

各相続人が取得する相続財産（プラスの財産）から、借金などマイナスの財産を差し引いた金額。相続税の対象となる金額。

家庭用財産

不動産や預貯金、株式など有価証券などのほかに、亡くなった人が所有していたもの。一般動産。1個（1組）5万円以下のものは、概算により一括して評価できる。

換価分割

遺産分割方法の1つ。不動産など現金以外の相続財産を、売却などで現金化して分割する。

既経過利息

亡くなった人の預貯金を解約したときに支払われる利息。源泉所得税分を差し引いた上で相続財産の一部となる。

協議分割

遺言書がない場合に、相続人全員の話し合い（遺産分割協議）によって遺産分割を行うこと。

限定承認

プラスの財産の額を限度として、債務などのマイナスの財産を引き継ぐ方法。相続開始日から3か月以内に、相続人全員が共同で家庭裁判所に申し立てを行う必要がある。

検認

相続人立会いのもと、家庭裁判所で遺言書を開封して、被相続人のものかどうか確認する手続き。家庭裁判所に申し立てが必要。2週間〜1か月程度の時間がかかる。

控除

税金の計算で「差し引く」こと。所得から差し引くことを所得控除、税額から差し引くことを税額控除という。税額控除のほうが軽減効果は大きい。

公証人

公証役場で公正証書作成などを行う専門家。公正証書遺言や任意後見人契約書の作成、会社の定款認証などを行う。

戸籍の附票

戸籍に記載された人の住所の移り変わりの記録。戸籍とともに保管されている。

さ〜そ

財産評価基本通達

国税庁が財産の種類ごとに相続税や贈与税計算時の評価基準をまとめたもの。国税庁のホームページなどで見ることができる。

死因贈与

死亡を条件にした贈与契約により財産を受け取ること。贈与の条件に一定の義務がついている場合、負担付死因贈与という。死因贈与された財産は相続財産の一部となる。

指定分割

遺言の指定にしたがって遺産分割を行うこと。

受遺者

遺贈（→22ページ）により財産を受け取った人。相続税を負担する。

受贈者

贈与により財産を受け取った人。死因贈与であれば相続税を負担する。

準確定申告

亡くなった人がその年に所得を得ていた場合に、相続人等が代わって行う確定申告。相続開始日の翌日から4か月以内に申告する。納めた税金は相続財産から差し引く。

正面路線価

2つの道路に接する宅地の路線価のうち、より高いほう。

巻末付録 相続・知っておきたい用語集

除籍謄本

戸籍に記載された人全員が抹消された戸籍謄本。戸籍の収集で必要になることがある。

相次相続控除

相続が10年以内に続いた場合、後（二次相続）の相続税額から一定額を差し引ける控除。相次いだ相続に対する負担軽減措置。

相続欠格

被相続人やほかの相続人を殺した・殺そうとした、遺言について被相続人をだましたり脅したりした、遺言書の内容を偽造したなどという場合、相続権を自動的に失うこと。

相続人

相続により、財産を引き継ぐ権利のある人。法律でその範囲、優先順位が決まっている。

相続廃除

被相続人への暴行や虐待・侮辱、著しい非行などがあった場合、相続人の権利を剥奪すること。家庭裁判所に申し立てが必要。

相続放棄

相続財産でマイナスの財産のほうが多いような場合に、相続の権利自体を放棄すること。相続開始日から3か月以内に家庭裁判所に申し立てを行う必要がある。

た〜と

代襲相続

すでに相続人が亡くなっている場合に、その子や孫が相続人となること。相続人が兄弟姉妹の場合は子に限られる。

代償分割

遺産分割で、ある相続人が不動産など現金以外の相続財産を相続して、他の相続人にはそれに代わるお金を支払う方法。

単純承認

相続財産すべてをそのまま引き継ぐこと。3か月以内に限定承認も相続放棄の手続きもしなければ、単純承認となる。

地積

不動産登記簿に記載されている土地面積のこと。

嫡出子

法律上の婚姻関係にある夫婦の間に生まれた子。

直系尊属

直接の血縁関係にある人のうち、父母や祖父母など上の世代の人。

直系卑属

直接の血縁関係にある人のうち、子や孫など下の世代の人。

転籍

本籍地（戸籍を保管している住所）を変更すること。戸籍が変わることになる。

な〜の

名寄帳

ある人が特定の市区町村内で所有する不動産の一覧表。固定資産課税台

帳などともいわれる。

は〜ほ

非課税財産
相続税の対象外となる財産。墓地・墓碑、仏壇・仏具の費用、生命保険金、死亡退職金の一定部分、国や地方公共団体などに寄附した財産など。

被相続人
相続財産を遺して亡くなった人。

非嫡出子
法律上の婚姻関係にない男女の間に生まれた子。婚外子。相続では相続人となり、嫡出子と同様の権利を持つ（父親の場合、認知が必要）。

包括遺贈
相続財産の割合を指定して遺贈すること。特定の財産を遺贈することを特定遺贈という。包括遺贈された人（受遺者）は、取得する財産を具体的に決めるため、遺産分割協議に参加することになる。

ま〜も

間口
宅地が道路と接する部分の長さ。狭すぎるとその宅地は利用しづらいため評価が下がる。

みなし相続財産
亡くなった人が直接遺した財産ではないが、相続財産とみなされて相続税の対象となるもの。被相続人の死亡にともない支払われた生命保険金や死亡退職金など。

名義預金、名義保険
名義はほかの家族などだが、そのお金の出所が被相続人である預金や保険。相続財産に加えることになる。

や〜よ

遺言執行者
遺言書の内容を実現するための手続きを行う人。遺言書に指定されている場合もある。指定がなければ相続人などが行うほか、弁護士など専門家に依頼する場合もある。

ら〜ろ

暦年贈与
年110万円の基礎控除が適用される通常の贈与。また、この基礎控除を利用して贈与を行うこと。

連帯納付義務
相続人の一人が納税を怠った場合、ほかの相続人がその相続人の相続税を納めなければならないこと。

さくいん

あ

青色申告決算書	146
ETF	138
家なき子要件	132,134
遺産	22
遺産分割	46
遺産分割協議	38,54
遺産分割協議書	54,96,98
遺産分割調停申立書	57
遺産分割前の相続預金の払い戻し制度	77
遺贈	22
一次相続	46,164
一般障害者	162
一般動産	146,150
委任状	100
遺留分	48
遺留分侵害額の請求	48
売掛金	146
延滞税	202
エンディングノート	96
延納	206
奥行価格補正率	111,112,113
奥行長大補正率	111,117,216

か

海外に住む相続人	154
外国税額控除	164,192
改製原戸籍謄本	63
解約返戻金	80,136
画地	104
画地補正率	110,216
確定申告書	90,93
かげ地割合	119
貸宅地	122
貸駐車場	130
貸付金	92
貸付事業用宅地	132,135
貸家	126
貸家建付地	122
過少申告加算税	202
課税遺産総額	40,42,194
課税価格	40,194
課税時期	138
課税地目	104
家庭裁判所	56,94
家庭用財産	90,150
換価分割	46
管理処分不適格財産	208

基礎控除（相続税）……………28,194

基礎控除（贈与税）…………………32

教育資金一括贈与の非課税特例…221

協議分割………………………………46

寄与分…………………………………50

金銭消費貸借契約書…………………92

結婚・子育て資金一括贈与の非課税特例…221

気配相場等のある株式………………138

減価償却資産…………………………146

現況地目………………………………104

現金の計上……………………………79

原則的評価方式…………140,142,143

建築工事請負契約書…………………70

限定承認………………………………44

検認……………………………………94

検認済証明書…………………………94

現物分割………………………………47

公社債…………………………………144

公図…………………………68,70,74

公正証書遺言………………………52,94

更正の請求……………………………204

国税総合管理システム（KSKシステム）

……………………………………202

個人年金保険…………………………136

個人版事業承継税制…………………148

個人向け国債…………………………144

戸籍………………………………62,64

戸籍全部事項証明書………………63,65

戸籍謄本…………………………62,65

固定資産課税台帳……………………68

固定資産税評価額………………106,126

固定資産評価証明書………………68,75

さ

財産評価………………………………102

財産評価基準書 路線価図・評価倍率表

……………………………………106

財産評価基本通達……………………102

財産目録………………………………102

在留証明書……………………………154

サイン（署名）証明書………………154

雑種地……………………………104,130

残高証明書（有価証券）……………84

残高証明書（預貯金）……………76,78

残高証明書（ローン）………………92

死因贈与………………………………22

事業用財産…………………………90,146

指定分割………………………………46

支配株主………………………………140

自筆証書遺言………………………52,94

自筆証書遺言の保管制度…………94,97

死亡退職金………………80,136,170

借地権…………………………………122

借地権割合…………………………108,122

借用証書………………………………92

227

借家権	126	生前贈与	32,86,158,218
受遺者	23	生前贈与財産	31,32,180
重加算税	202	精通者意見価格	150
修正申告	204,214	成年後見人	55
住宅取得等資金の贈与税の特例	220	税務調査	214
住宅地図	70	生命保険金	80,82,83,136,168
住民票	60	生命保険契約の権利	80,136
熟慮期間	44	税理士	20
受贈者	23	税率（相続税）	17,40,217
準確定申告	58	税率（贈与税）	219
純資産価額方式	140,142	全部事項証明書	68,71
障害者控除	162,190	葬儀費用	92,178
自用家屋	126	相次相続控除	164,192
小規模宅地等の特例		相続開始	12
	125,130,132,134,172	相続関係説明図	62
証券保管振替機構	84	相続欠格	56
上場株式	138	相続財産	22,30
上場株式の評価明細書	138	相続時精算課税制度	34,174
使用貸借	122	相続時精算課税選択届出書	86,89
自用地	122	相続時精算課税分の贈与税額控除	
抄本	62		158,174
正面路線価	108,114	相続順位	24
除籍謄本	63	相続税延納申請書	206
申告期限後3年以内の分割見込書		相続税のお尋ね	37
	96,202	相続税の申告	200
審判分割	56	相続税の申告書	156,166
税額控除	158		

相続税の申告書作成時の誤りやすい
事例集………………………………198

相続税の申告要否判定コーナー……36

相続税の2割加算………………156,184

相続税物納申請書……………………208

相続登記………………………………210

相続人………………………………22,24,26

相続人の廃除…………………………38

相続放棄………………………………44

想定整形地………………………118,119

贈与……………………………………32

贈与契約書…………………………86,88

贈与税………………………………86,218

贈与税額控除……………158,174,186

贈与税の申告書類…………………86,89

贈与税の特例………………………32,220

贈与税の配偶者控除…………………220

側方路線影響加算率……111,114,216

側方路線価………………………108,114

損害保険………………………………80

た

大会社、中会社、小会社………140,143

代襲相続………………………………24

代償分割………………………………46

退職金の支払調書……………………80

退職手当金等受給者別支払調書
…………………………………81,83

宅地………………………………104,106

建物図面、各階平面図………………70

建物の建築計画概要書………………70

棚卸資産（在庫）……………………146

単純承認………………………………44

担保……………………………………206

地図・地積測量図等の証明書申請書
…………………………………………73

地積……………………………………108

地積測量図…………………68,70,74

地番……………………………………104

地目……………………………………104

駐車場…………………………………130

超過累進課税…………………………40

調停分割………………………………56

著作権…………………………………150

賃貸借契約書………………………70,93

賃貸割合………………………………122

定期借地権……………………………123

電子申告………………………………166

登記・供託オンライン申請システム…72
登記識別情報………………………68
登記事項証明書………………68,71,72
登記事項証明書交付申請書…………73
登記申請書………………………210
登記地目…………………………104
登記簿謄本………………………68
投資信託……………………138,144
同族株主…………………………140
謄本………………………………62
特定居住用宅地……………132,134
特定事業用資産…………………148
特定事業用宅地……………132,135
特別縁故者………………………204
特別寄与料………………………50
特別受益…………………………50
特別障害者………………………162
特別代理人………………………55
特例税率……………………86,219
特例的評価方式……………140,142
土地及び土地の上に存する権利の
評価明細書………………………120
特許権……………………………150

な
名寄帳…………………………68,75
二次相続……………………46,164
二方路線影響加算率……111,115,216
納税管理人………………………154

は
配偶者居住権……………………128
配偶者居住権等の評価明細書……129
配偶者短期居住権………………129
配偶者の税額軽減…………160,188
配当還元方式………………140,142
配当金などの支払通知書…………85
倍率方式…………………………106
旗竿地……………………………110
非課税財産………………………30
非上場株式………………………140
被相続人…………………………22
秘密証書遺言…………………53,94
評価明細書………………………60
不在者財産管理人………………55
不整形地補正率………111,118,217
負担付所有権……………………129
物納………………………………208
物納劣後財産……………………208
扶養義務者………………………162
包括遺贈…………………………54
法人版事業承継税制……………143

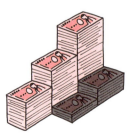

230

法定相続情報一覧図……………62,66
法定相続情報証明制度………………66
法定相続人………………………24
法定相続分……………………38,40
法務局（登記所）……………66,68,72
保険金支払通知書………………80
保険証券……………………80,82
ほふり……………………………84

ま
マイナスの財産…………30,44,92,178
マイナンバー関連書類………………61
間口………………………………110
間口狭小補正率…………111,116,216
未収入金………………………146
未成年者控除………………162,190
みなし相続財産……………………30
みなし贈与…………………………32
無申告加算税……………………202
名義変更…………………………211
名義保険……………………80,136
名義預金……………………30,76,150

や
遺言………………………………52
遺言執行者………………………94
遺言書…………………………52,94
有価証券………………138,140,144
養子縁組…………………………24
預貯金………………………76,150

ら
REIT……………………………138
利息計算書………………………76
利付公社債……………………144
裏面路線価…………………108,115
類似業種比準方式…………140,142
暦年課税分の贈与税額控除……158,186
暦年贈与…………………………32
連帯納付義務……………………200
路線価図…………………………68
路線価方式………………106,108

わ
割引公社債……………………144

231

● 監修者

須田邦裕 (すだ・くにひろ) 税理士

1956年生まれ。税理士。一橋大学商学部、一橋大学法学部卒業。会計事務所勤務を経て1982年税理士登録、開業。実務のかたわら一橋大学大学院商学研究科修士課程および同博士課程に学ぶ。現在は須田邦裕税理士事務所所長として、関与先企業の税務経営問題に取り組む一方、講演会や税理士要請の講師などを務める。

著書に『本当はもっとこわい相続税』『会計事務所の仕事がわかる本』(ともに日本実業出版社)『マンガでわかる! 相続税のすべて』(小社刊) など多数。

● 本文デザイン	有限会社南雲デザイン
● イラスト	村山宇希 (株式会社ぽるか)
● DTP	株式会社明昌堂
● 編集協力	株式会社オフィス201、横山渉、寺尾徳子
● 企画・編集	成美堂出版株式会社 (原田洋介・今村恒隆)

本書に関する正誤等の最新情報は、下記アドレスで確認できます。

http://www.seibidoshuppan.co.jp/support

※上記アドレスに掲載されていない箇所で、正誤についてお気づきの場合は、書名・発行日・質問事項・氏名・住所・FAX 番号を明記の上、**成美堂出版**まで**郵送**または **FAX** でお問い合わせください。電話でのお問い合わせはお受けできません。
※本書の正誤に関するご質問以外にはお答えできません。また、税務相談などは行っておりません。
※内容によっては、ご質問をいただいてから回答を郵送または FAX で発送するまでにお時間をいただく場合があります。

図解 いちばんやさしく丁寧に書いた 相続税申告の本

2021年1月10日発行

監 修	須田邦裕
発行者	深見公子
発行所	成美堂出版
	〒162-8445　東京都新宿区新小川町1-7
	電話(03)5206-8151 FAX(03)5206-8159
印 刷	広研印刷株式会社

©SEIBIDO SHUPPAN 2021 PRINTED IN JAPAN
ISBN978-4-415-32919-2
落丁・乱丁などの不良本はお取り替えします
定価はカバーに表示してあります

・本書および本書の付属物を無断で複写、複製(コピー)、引用することは著作権法上での例外を除き禁じられています。また代行業者等の第三者に依頼してスキャンやデジタル化することは、たとえ個人や家庭内の利用であっても一切認められておりません。